旅の賢人たちがつくった

女子ひとり海外旅行最強ナビ 最新版

山田静 with
ひとり旅活性化委員会 編

辰巳出版

TRAVEL PLAN 1

KOREA

― FOR ―
1ST
STEP-1

韓国最大の港町・釜山で
青い海と海鮮グルメに浸り
韓方の街・大邱でBTSの聖地巡りの旅

文:小春真孝

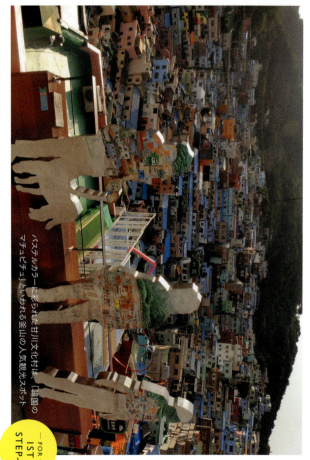

パステルカラーに彩られた甘川文化村は、「韓国のマチュピチュ」といわれる釜山の人気観光スポット

鉄道線路跡を再利用して海雲台海岸沿いを運行する海列車は全席オーシャンビュー

韓国で2番目に大きな都市である釜山(プサン)。韓国最大の港町である釜山は大邱(テグ)を利用だ。釜山からKTXを利用して海雲台行きの列車に乗り込むと〈ヘウンデ〉という街だけあって大都市ならではの入り入れくれる。広々とした海が目の前に入ってくる海岸のシービューが気楽な旅のだとかく海にした海岸沿いで走るキャックトリの深さをもいる。沿山の魅力はこれだけではない。約1時間40分の大邱も釜山から約3時間のKTXで大邱(テグ)まで。朝鮮王朝時代の歴史を引き継ぐ朝鮮鉄道を引き継がまま、今もなお鉄道町としての鮮度

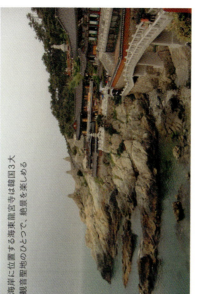

釜山の海女村では、捕れたてのウニをキンパ（海苔巻き）に載せて食べるのが名物。

大邱10大グルメのひとつ、マクチャンは、カリッカリになるまで焼くのがポイント

大邱のジンコルモクには、あるスターバックスは、100年前の韓国伝統家屋を再利用している

BTSのV(テテ)の出身小学校の塀に描かれた壁画が話題になり、国内外からファンが訪れる

海岸に位置する海東龍宮寺は韓国3大観音聖地のひとつで、絶景を楽しめる

「韓方の街・大邱」を象徴する大邱薬令市の裏側にある韓方体験場[韓方医療体験タウン]

中心部から1時間ほどの郊外には韓国伝統家屋が集まる村があり、スタルジックな気分を味わえる。

「韓方の街」として有名な大邱だが、かつて医療宣教師たちが建てた教会や近代建築物が残る一方で、

[モデルコース]

初日/釜山　老舗食堂で茹で豚の夕食〈釜山泊〉

2日目/釜山　海東龍宮寺を観光⇒海雲台ブルーライン(海列車)乗車⇒昼食さ貝焼きさおしゃれカフェ⇒刺身定食〈釜山泊〉

3日目/大邱　KTXで東大邱駅へ⇒大邱薬令市見学後、韓方足湯体験⇒昼食　スケトウダラの蒸し煮⇒医療宣教師の家を見学⇒伝統家屋スターバックスで休憩⇒夕食・マクチャン(豚のホルモン焼き)〈大邱泊〉

4日目/大邱　仁興(イヌン)村を散策⇒西門市場見学＆昼食・カルグクスさBTSのVとSUGAの壁画通りの散策⇒夕食・スンデ(腸詰)⇒KTXで釜山へ〈釜山泊〉

5日目/釜山　チャガルチ市場を見学⇒甘川文化村を観光さ昼食・影島海女村で捕れたてのウニ＆キンパさ金海空港へ。

[予算の目安]

交通費：市内バス1500〜1950ウォン/地下鉄1500〜1800ウォン/タクシー30分で約13000ウォン/海雲台ブルーライン/パーク乗車券16000ウォン、釜山⇔大邱KTX・片道17100ウォン

＊1ウォン＝約0.11円

ホテル代：(個室)釜山　50000ウォン〜/大邱　70000ウォン〜

食事：軽食6000ウォン、定食12000ウォン、鍋・焼き肉35000ウォン、ビール5000ウォン〜

雑費：韓方足湯体験5000ウォン、ソフトドリンク1500ウォン

[おすすめデータ]

●平山屋(ピョンサンク)

住所：釜山広域市東区草梁中路26

創業100年の老舗。名物の茹で豚が絶品。お願いすると、肉を茹でたスープをサービスで出してくれる。

●南平文氏本里世居他地一興

住所：大邱広域市達城郡花園邑仁興3キル16

文(ムン)一族が住む伝統家屋が集まる村で、土で固めた石垣が目を引く。ロウゼンカズラの花が咲く6月下旬から7月下旬の訪問がおすすめ。

TRAVEL PLAN

TRAVEL PLAN 2
ITALY

世界遺産から名画鑑賞 地方ごとの美食巡りまで！ イタリア3都市周遊旅

文：水野千尋

— FOR —
1ST
STEP-2

ヴェネツィアのアカデミア橋から望む運河

ナポレオンが「もっとも美しい広場」と称したヴェネツィアのサン・マルコ広場

イタリアといえば世界遺産の数では世界一。点在している数々の旅行プランは世界遺産リストに登録された全て巡るツアーはもちろん、カトリック国ならではの芸術、カトリック国ならではの郷土色豊かな料理、見どころ満載。

今回はミラノ、ヴェネツィア、ローマの3都市めぐりをご紹介。ユーロスターなら飛行機よりも便利だとか。ANAは2024年8月現在、羽田空港から首都ローマまで「ローマ直行便」を飛ばしている。

都市間の移動はもちろんイタリア国鉄「トレニタリア」のユーロスターが便利。都市周遊を目指すなら、「ヴァポレット」を利用した水上バスでの観光がおすすめ。花の都フィレンツェの名ダ・ヴィンチ美術館が見られる「サンタ・マリア・デッレ・グラツィエ教会」で飾られるダ・ヴィンチの名画・

004

旅の締めくくりは水の都・ヴェネチアにある広場にて街歩きが楽しめる、比較的治安がよい街なので夜まで魅力的だ。

ツアー「ドゥカーレ宮殿」は豪華絢爛。

フィレンツェのランドマークといえば丸屋根が目印のドゥオーモ。ヴァティカン美術館では絵画や彫刻を鑑賞

ヴァティカン市国のサン・ピエトロ大聖堂は行列ができるので朝イチで並ぶのがベター

観光客でにぎわうコロッセオは、剣闘士や動物の待機場所やトンネルが見学できる地下ツアーもある

本場のカルボナーラは、ペコリーノチーズ、豚のほほ肉(グアンチャーレ)、卵と胡椒が使われる

ジェラートも忘れずに！写真はヴェネツィアの名店「suso」

[ルートと予算]
現地滞在目安：6泊8日
行程：ローマ2泊→(鉄道で約1時間30分)→フィレンツェ2泊→(鉄道で約2時間15分)→ヴェネツィア2泊
現地交通費：各都市間の鉄道 各30〜50ユーロ、ローマ・バス48時間(公共交通機関と主な観光名所入場料が無料もしくは割引)32ユーロ、フィレンツェカード(72時間有効、観光名所無料および85ユーロ、ヴェネツィア水上バス1日券25ユーロ
ホテル代：専用バスルーム付きの個室利用で1泊150〜200ユーロ
食費：1日30〜40ユーロ目安(デイクアウトのパニーノや切り売りピザ10ユーロ前後、レストランに入ると20ユーロ〜)

雑費：150ユーロ
＊1ユーロ＝約170円

[おすすめデータ]
●コロッセオ Colosseo
住所：Piazza del Colosseo 1, 00184
Roma
●ヴァティカン市国(美術館)
Musei Vaticani
住所：Viale Vaticano, 00120
●ウフィツィ美術館
Galleria degli Uffizi
住所：Piazzale degli Uffizi 6, 50122
Firenze
●ドゥカーレ宮殿 Palazzo Ducale
住所：Piazza San Marco 1, 30124
Venezia

005

TRAVEL PLAN 3

TURKEY

千年の都イスタンブールと
驚異の奇岩群カッパドキア
トルコの2大見どころを巡る

文：山田静

— FOR —
IST
STEP-3

カッパドキアの奇岩群。住居や宗教施設、修道院として活用されてきた

のんびりした雰囲気がトルコ人にも人気の高いエスキシェヒル

ここはくねくねと続くボスポラス海峡の両岸に広がる大きな街。ヨーロッパとアジア大地の下から青空の下にドカーンと隆起する白い岩が連なり、その奇岩群起する白い岩が連なり、その奇岩群すると、人々が住居や寺院として活用してきた発達はめざましいが、古い街並みも残さらに、人々がだいぶ前に移動したがらはカッパドキアへ。トルコ第4の都市カイセリまで飛行機で、そこから車で2時間ほどのアクサライ、遺跡巡りの起点となるギョレメに着く。狙いを定めて試物価も安く、気軽にトライできる店舗も驚くほど多し。

ときどきタクシーも使いつつ、野菜マーケットに渡るボスポラス橋を歩いて渡ると、旧市街の王宮殿で徒歩にて行く。

ガラタ橋の夕暮れ

目がくらむくらいきらびやかなのトプカプ宮殿（イスタンブール）

ブルサではほぼ毎晩行われるメヴレヴィー教団のセマー（回旋舞踊）のザール・ボンジュウ。定番のお土産でもある

禍をはねのけるお守り、ナザール・ボンジュウ。定番のお土産でもある

同名の小説を題材にした［無垢の博物館］（イスタンブール）

トルコ名物サバサンド。最近はラップサンドタイプが人気

人々はこうして海峡をうつろうと思いただ気分ながらメンタルセンチになる。長い間眺めてきた。

カッパドキアのドミトリーで3000円程度、ビジネスホテル風の個室で5000円程度

食費：レストランでケバブとスープのセットで150リラ程度、観光地だと倍額。屋台のサバサンド100〜150リラ程度

雑費：ミネラルウォーター15リラ、屋台の焼きとうもろこし30リラ、トプカプ宮殿入場料25ユーロ1500リラ、アヤ・ソフィアス入場料高額
＊観光地の外国人入場料は高額

【おすすめデータ】
●SOKAK LEZZETI（イスタンブール）
行列のできるサバサンドのお店。オープンキッチンでこんがりと焼かれるサバが美味しそう！

【ルートと予算】
現地滞在日数：6泊7日
行程：アンカラ1泊→カッパドキア2泊（途中、バス車中泊またはエスキシェヒルまたはブルサで1泊も可）→イスタンブール2泊
＊日本からアンカラに入り、出国はイスタンブールから、という場合、イスタンブール往復にして、そこからカッパドキア往復も可
現地交通費：アンカラ→カッパドキア バス250リラ程度、カッパドキア→イスタンブール夜行バス1000リラ程度
＊1リラ＝約4.7円
ホテル代：観光地は他都市より高めで、観光シーズンだと価格が1.5倍くらいになることも。

007

TRAVEL PLAN 4
INDIA
カレーを極めるなら南！ インドの魅力が詰まった 南インドをぐるっと巡る

— FOR —
2ND
STEP-1

文：山田静

インド最南端・コモリン岬。宿が少なくビーチがないので、近くのコヴァラムに宿泊する人も多い

毎年芸術祭が開催されるコチにはギャラリーも多い

もともと文化レベルが高く、芸術、映画、ダンスなど人気が集まるバックウォーター（穏やかな内陸水路）、アーユルヴェーダのケララ、ミッションスクールなど治安の良い都市カルナタカ、近代的な港町コチ（コーチン）、南インド料理が盛んなバンガロールと、見どころは多い。料理も、定番のタンドリーやナン、チキン・カレーはもちろん、ココナッツで煮込む魚介や野菜もとても美味。ミールス（定食）もバイキングスタイルで豊富な品揃え、しかもたいてい安い

南インドの魅力はやっぱり食の奥深さ。写真はシーフードのココナッツカレー、モイリー

800

寺院内に広がる神々の世界に圧倒されるマドゥライのミーナークシ寺院

18世紀建造のコロニアルな建物をリノベーションしたホテル[マラバー・ハウス]

ハンピのゲストハウス。インドは個性的な宿が多い

芸術的なメイクも必見。ケララ州の伝統芸能カタカリ・ダンス

バックパッカーに人気の世界遺産・ハンピ。壮大な景色に言葉を失う

インド人気が高いエリアだ。日本から直行便があるシンガポールなどで乗り継ぎ、バンコクやコチなどを起点にする周遊が考えられる。国内線も路線は充実しているが遅延も多いので心配ならバスや鉄道との併用を。交通の便はあまりよくないがインド最南端・コモリン岬に夕暮れや夜明け、祈りを捧げる人々の姿は圧巻だ。ぜひ一度は訪れてみてほしい。食も充実。

[ルートと予算]
現地滞在目安：9泊10日
行程：チェンナイ1泊→（マハーバリプラムにも立ち寄り1泊）→マドゥライ2泊→コヴァラムビーチまたはカニャークマリ（コモリン岬）2泊→コチ3泊（近隣都市も観光）
**ベンガルールを起点ならハンピ、ゴア（ビーチ）→映画の街ハイデラバード→チェンナイ、と移動しても
現地交通費：チェンナイ－マドゥライ 2等寝台列車1800ルピー程度・寝台バス1000ルピー程度、マドゥライ－コモリン岬 バス1800ルピー程度
＊1ルピー＝約1.8円
ホテル代：コチのゲストハウス（個室）1500ルピー、ドミトリー750ルピー、ペンガルールのビジネスホテル1泊3700ルピー
食費：街角レストランのドーサ（具入りクレープ）100～150ルピー程度、高級レストランのカレー500ルピー程度、庶民的なレストランのカレー250ルピー程度
雑費：ミネラルウォーター20ルピー、チャイ10～15ルピー程度、コチでアーユルヴェーダ2000ルピーなど

[おすすめデータ]
●Mary's Kitchen（コチ）
マンゴーフィッシュカレーが有名な、ローカルにも愛される名店。
●ミーナークシ寺院（マドゥライ）
ミーナークシ女神をまつる南インド最大の寺院。内部撮影禁止、スマホやカメラも持ち込めないが一見の価値あり。

009

オフリド(北マケドニア)は湖の街。湖畔の教会から眺める風景は神秘的

TRAVEL PLAN 5

BALKAN PENINSULA

絵本のような景観と歴史を体感
ちょっと冒険旅にぴったり
いざ注目のバルカン半島へ!

文:山田静

— FOR —
2ND
STEP-2

路面電車が走るサラエボの街

もがカンボジアあたりで見ても良いしだにはあまり人が知らる多くと良いを遂げてくれる絵本観光地としては充実してはいる。

エールトリアが気になり半島は旅行者には観光のに高い。物価もが、現在すべて治安はやや高いが便利で安心の自由度は高い。
内のバス・鉄道路線は充実していて、

要塞都市ドブロブニク(クロアチア)。絵本のようなたたずまい

010

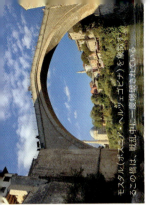

モスタル（ボスニア・ヘルツェゴビナ）にあるこの橋は、戦乱中に一度破壊されている。

Zlatna Ribica（サラエボ）

水餃子にサワークリームをたっぷりかけたひと皿。美味！

アルバニアの首都ティラナ。カラフルな方角。あちこちに残る防空壕が印象的

ベラト（アルバニア）。斜面にびっしり家が並ぶ「千の窓の街」と呼ばれる

北マケドニアの古都オフリド、アルバニアの千の窓の街ベラト、アドリア海の風光明媚なクロアチアの首都ザグレブ、ボスニアの首都サラエボと変わりゆく要塞都市ドブロブニク。バルカン都市モスタルをつなぐコースを考えた。1週間ルートにもう少し加えたい。コソボからセルビアへと陸路で何度も国境越えできるが、コソボからセルビアへは入国できないなど紛争の名残を感じる場面もあり、世界情勢について考える旅にもなる。

[ルートと予算]

現地滞在目安：12泊13日

行程：スコピエ1泊→オフリド2泊→ベラト2泊→ティラナ1泊→ドブロブニク3泊→サラエボ3泊（モスタルに日帰りするか、またはモスタル1泊）

現地交通費：スコピエ→オフリド バス16ユーロ、ティラナ→ドブロブニク バス50〜60ユーロ、ドブロブニク→サラエボ バス35ユーロ

*オフリドからベラトはバスで2回乗り換えが必要。あとは直行バスがある
*1ユーロ＝約170円

ホテル代：サラエボのゲストハウス30ユーロ、ドブロブニクのB&B 30ユーロ、オフリドの民泊36ユーロ

食費：ティラナのレストランでバス8ユーロ、ドブロブニクのピッツェリアでピザ15ユーロ（ドブロブニクの旧市街は全てが高い）、サラエボのレストランで水餃子とスープ、パンのセット1000円程度

雑費：ミネラルウォーター0.5ユーロ、カフェラテ2ユーロ、ドブロブニクの城壁入場料35ユーロなど

[おすすめデータ]

● Zlatna Ribica（サラエボ）

古いビルを利用したクラシカルなカフェバー。店内にはアンティークな小物やレコードが並び独特の雰囲気。コーヒーもおいしい。

TRAVEL PLAN

011

サマルカンドのレギスタン広場に建つ、内装が光り輝く〈ティラカリ・メドレセ〉(ウズベキスタン)

青が美しいヒヴァのミナレット〈カルタ・ミノル〉(ウズベキスタン)

CENTRAL ASIA

いま注目の中央アジア！せっかくなら周遊したい魅力の5カ国へ

TRAVEL PLAN 6

— FOR —
3RD
STEP: 1

文：白石あづさ

ウズベキスタンをはじめ、世界遺産のモスクやメドレセ（神学校）など残像ちが建ち並び、壮大なロマンを感じる。中央アジアは、まさに中東と西を結ぶシルクロードの真ん中に位置する。ヨーロッパとアジア、アフリカ以外の世界遺産すべてに近く、実はあまり知られていないが、ここはかつてアレクサンドロス大王からチンギス・ハンまでが世界を支配したシルクロードの要衝地。大昔からいくつもの国々が栄えては滅び、驚くべき歴史を秘めた地。砂漠にほぼ囲まれ、天山山脈の絶景、ステップの草原、カスピ海や中央アジアの空を舞うステップイーグル、ドラゴンのように連なる火盛ら

タジキスタンの秘境ヤグノブ渓谷、そして花々が咲き乱れる高原とキルギスのアラシャンには温泉も湧いている。雪山に心が弾む。

観光化はじまったばかりで、首都から離れると英語は通じない。しかしダイナミックな自然やエキゾチックと思える人々に「これぞ旅」と感動が待っているだろう。

首都アスタナはまるで未来都市のよう（カザフスタン）

モスクで写真を撮る女性たち（カザフスタン）

ウスチュルト台地に聳えるボスジラ（カザフスタン）

今も民族衣装の女性が多いトルクメニスタン

燃え盛るダルヴァザの「地獄の門」（トルクメニスタン）

秘境ヤグノブ渓谷の奥地の村へロバに乗って行く（タジキスタン）

イシク・クル湖の村で狼の毛皮を売るお母さん（キルギス）

ボズウイ（移動式住居）を作っている村のお祭り（キルギス）

TRAVEL PLAN   013

低橋 Hikuhashi

漫画やブログを書く旅人。一人旅とお酒などどーんと一人で完結するのが好き。

のんびりお散歩＆カフェ休憩

賑やかなウブド中心部から少し離れると、こんな穏やかな風景が。緑を見ながら冷たいものを飲めば、頭も休もリフレッシュできます。

観光地は楽しいけど人混みが苦手というジレンマ

ヴぁ〜ヤシャレ

長距離バスでジョグジャカルタへ

日程に余裕があれば、ジョグジャカルタに足を伸ばしてみるのもお勧めです。長距離バスは快適さこそ手軽さではフライトに負けるものの、何とも刺激的な旅の体験ができます。

ジョグジャカルタのお楽しみ

① ウブドから乗合タクシーで長距離バスターミナルへ

② 夜行バスでジョグジャカルタへ

③ 途中バスごと船に乗り海を渡る

おつかれ　朝っぱらから料金バトル

おつかれ　料金バトル再び

HAPPY　晩ごはんとおやつ付きだった！

世界遺産の遺跡たち　影絵芝居ワヤン・クリ

これもまた旅の思い出！

18時間のバス旅で全身バッキバキに

TRAVEL PLAN　015

コロナ禍が世界を覆った3年近くの間、旅への扉が閉ざされ、旅人の姿は消えた。

列車で見上げた、旅先でなんとなく耳にした歌声、ふと目にとまった見知らぬ国の風景、旅の途中でたまたま知り合った人との何気ない会話、旅にしか出会えない空気感や街のにおい、そびえ立つ美しい景色……。旅に出ることで得られる、かけがえのない心の宝物だ。

数え上げればきりがないほど、旅にはたくさんの魅力が詰まっている。そんな旅がもうすぐ戻ってくるとしたら、そう、もうすぐ戻ってくるのだ。

ひとり旅に行きたいと思った自分に、次の一歩を踏み出すきっかけを与えたい。ひとり旅に一切の切符を買う。目的地を選び、一日を決める。行き先を決めるのも自由、ルートを決めるのも自由、途中で気が向いた街や宝物がある。次の日は感動するかもしれない。そうで見てみたら自分だけの自由だ。

すべては行ってみた人にしかわからない。失敗した体験が宝ものとなる旅もある。

本書はひとり旅をしてみたい人に向けて、ひとり旅の計画から出発、旅の楽しみ方、帰国まで、旅の達人たちに様々な考えを寄せてもらい、アイデアや準備、失敗したエピソード、この一冊に豊富に掲載した旅行の形が、

失敗もあり、でも「はじめてのひとり旅」は怖いもの。そんなあなたに大丈夫。旅を楽しんでいる旅の達人たちが無事に帰国できているように、誰もが「ひとり旅」をしてみたくなる世界へ。

TRAVEL PLAN 1 FOR 1ST STEP-1 ｜ 韓国 — 002

TRAVEL PLAN 2 FOR 1ST STEP-2 ｜ イタリア — 004

TRAVEL PLAN 3 FOR 1ST STEP-3 ｜ トルコ — 006

TRAVEL PLAN 4 FOR 2ND STEP-1 ｜ インド — 008

TRAVEL PLAN 5 FOR 2ND STEP-2 ｜ バルカン半島 — 010

TRAVEL PLAN 6 FOR 3RD STEP-1 ｜ 中央アジア — 012

ひとり旅のひとりゴト　バリ島編 — 014

PROLOGUE — 016

ひとり旅のひとりゴト①
Q. なぜひとり旅なのか　A. 自由だから — 022

CHAPTER 1
［旅の計画編］スタイルから予算まで
旅の形を決めよう — 023

なぜ「ひとり旅」？ ひとりは寂しい？ 危ない？
実は簡単になっている、ひとり旅 — 024

行き先を決めよう 世界にはこんなに行くところがある
ひとり旅に向かないところもある — 026

旅のスタイルを決めよう ツアーだってひとり旅
旅のスタイルはこんなにある — 028

旅のスタイルを決めよう2 バックパッカーってなに？
気ままに旅をする自由な人々 — 030

COLUMN ｜ 語学ができないと旅はムリ？ — 031

いくらあれば行けるのか 旅を構成するパーツを考えて
「見積もり」を立ててみよう — 032

いくらあれば行けるのか2 だいたいの予算が定まったら
旅の貯金をはじめてみる — 034

いくらあれば行けるのか3 旅のタイプ別、一日にかかる費用
お金で見えてくる世界がある — 036

いくらあれば行けるのか4 意外とかかる、旅の見えない費用
おしゃれグッズに気をつけろ — 038

いつ行くのか 高い、混んでる、移動できない
ベストシーズンの罠 — 040

いつ行くのか2 旅の期間は何日くらい？
1カ所3泊が理想 — 042

なにを参考にすべきか 主観・客観情報を使い分け
必要な情報にたどりつこう — 044

日程を考えよう 1日ひとつが基本 旅のテーマを決める
1日ひとつが基本 — 046

旅の達人アンケート ｜ はじめてのひとり旅におすすめの
場所やルート、その理由も教えてください — 048

旅の達人アンケート ｜ コロナ禍を経て自分の旅、
あるいは世界が変わったと思うことはありますか？ — 051

日程を考えよう2 旅の予定は段取りまく
ポイントを押さえて決める — 054

TRAVELER'S NOTE ｜ 初・海外ひとり旅デビュー
反対する親の説得はどうする？ する？ — 056

CHAPTER 2
旅立ちのすべて — 061
[旅の準備編]飛行機・ホテル・服・荷造り

TRAVELER'S NOTE｜ビリヤン行きのバスに乗ってしまった！—
移動の多い旅の行方 — 057

TRAVELER'S NOTE｜うっかり旅での浪費生活…—
好きなものを究極的に厳選していく — 058

私なりの旅の計画の仕方② — 060

旅の書類を早めにチェックしよう
パスポート・ビザなど必要な書類を確認 — 062

旅の書類を早めにチェックしよう2
パスポートの残存有効期間 — 064

航空券検索サイトを使いこなそう
航空券を買う場所はどうなっているのか — 066

航空券検索サイトを使いこなそう2
安く買うための条件やカレンダー — 068

航空券を安く買うにはポイント3
航空券を選ぶ手順 — 070

格安航空券はLCCを使いこなそう — 072

航空券を安く買うにはポイント4
航空券の仕組みにはいろいろある — 074

ホテルをネットで予約するときのポイント2
「ゲストハウス」「安い宿」の由来 — 076

ホテルに一度泊まった体験についてアドバイスできる—

ホテルをネットで予約するときのポイント3
ホテル予約サイトを使う手順 — 078

ホテルをネットで予約するときのポイント4
ロコミ地・立地のポイントに使うには — 080

ホテルをネットで予約するときのポイント5
ロコミは手がかりになるのか — 082

TRAVELER'S NOTE｜「ゲストハウス」的な予約のしかた — 084

TRAVELER'S NOTE｜宿だけは自分で選ぶのに理想があれば — 085

荷造りのコツ
入れ物の選び方「軽く」「少なく」が三原則 — 086

荷造りのコツ2
旅の持ち物 簡単編 — 088

荷造りのコツ3
旅の持ち物 応用編 — 090

COLUMN｜旅の持ち物で便利なもの — 091

荷造りのコツ4
忘れ物を防ぐには — 092

TRAVELER'S NOTE｜荷物は全部、持ってバックパック — 094

着ていくもの
旅の服装 基本プラン — 096

着ていくもの2
現地の気候に合わせて — 098

着ていくもの3
温度調節できる服を用意しよう — 100

貴重品は絶対手ばなさない
貴重品の持ち方がある — 102

旅の達人アンケート |「買ってよかった」「持って安心」
旅グッズを教えてください —104

TRAVELER'S NOTE | 喜ばれるお土産
持っていくといいアイテム —108

TRAVELER'S NOTE | 旅でいらなかったもの —110

TRAVELER'S NOTE | 1日の予算 物価の高い国では
節約ゲーム —111

旅の美容 乾燥と日焼け対策に全力注入
サプリも導入 —112

ひとり旅こそデジタルをフル活用 スマホかiPadは必須
旅立つ前の下準備 —114

旅の達人アンケート | スマホに入れておきたい
アプリやデータは? —116

旅の達人アンケート | 活用している予約サイトを
教えてください —117

ひとり旅こそデジタルをフル活用2 安全対策にも危険にもなる
SNSを上手に使おう —118

TRAVELER'S NOTE | 英語が苦手な人に推したい!
コミュニケーション材料にもなるInstagram —119

ひとり旅こそデジタルをフル活用3 いまさら聞けない
Wi-Fiについて 海外ではネットにどうつなぐ —120

COLUMN | 旅ノートのすすめ 貯めるとくるマイレージ —122

TRAVELER'S NOTE | 航空会社の「マイル」
上手な貯め方と使い方 —123

ひとり旅のひとりごと③ 私なりの荷づくりのコツ —124

CHAPTER 3

[旅の現場編] 機内・語学・移動・街歩き

旅の日常を知る —125

出発までどう過ごす 飛行機の座席はココがベスト
オンラインチェックインのコツ —126

出発までどう過ごす2 飛行機に乗るための
荷造りのHOW TO —128

TRAVELER'S NOTE | 飛行機で最大のネック
「手荷物」はこう対策する —130

出発までどう過ごす3 出発3日前から1日前
カウントダウン準備ガイド —132

ひとり空旅のコツとワザ 空港到着!
チェックインから搭乗まで そして機内の過ごし方 —134

ひとり空旅のコツとワザ2 現地の空港到着!
国際空港はこうなっている —136

ひとり空旅のコツとワザ3 謎多き「トランジット」
乗り継ぎのすべて —138

ひとり空旅のコツとワザ4 荷物がない! 乗り遅れた!
空港でのトラブルあれこれ —140

TRAVELER'S NOTE | 機内での過ごし方
Wi-Fiと電源で変化も —142

TRAVELER'S NOTE | 女子ひとり海外おすすめ
乗り継ぎ空港と空港ホテル —144

TRAVELER'S NOTE | 飛行機・空港のトラブル
自己解決の経験は次に生きる —146

CONTENTS

TRAVELER'S NOTE｜盗難の心配がいらない安全策、海外でのトラブル保険 — 148

無理なくジェスチャーで話す 旅先の風景にうまく溶け込むのがスマート — 149

「初日」が肝心なスーツケースのホテル保管術 海外でも荷物から身軽になる — 150

言葉の壁を乗り越える2 英語が話せないなら通じる工夫が必要 言葉だけが伝える手段ではない — 152

街歩きするなら迷う楽しみを覚えよう 危険な地域には近づかない — 154

ひとりごはんの壁1 ひとりでお店に入れない人のために さくっと入りやすい店を探す — 156

ひとりごはんの壁2 どういう店に入ればいいのか? さくっと入りやすい店を探す — 158

旅先でのキャンペーン3 健康と美容のために 自炊できるところもある — 160

TRAVELER'S NOTE｜韓国のグルメ&酒の楽しみ方 — 162

TRAVELER'S NOTE｜コンビニのグルメはあなどれない 日本でもおなじみのチェーン店 — 164

TRAVELER'S NOTE｜食の図鑑 見たこともない食材から手を出そう — 165

TRAVELER'S NOTE｜旅先で作れる日本食 日本の味が恋しくなったら — 166

旅写真の撮り方 シャッターチャンスは逃さない — 168

TRAVELER'S NOTE｜撮りたいものがきっとある — 170

多数の買い物 アプリ1 すぐに使える手数も総じて考えるアプリで「値」切り — 171

旅も遊びもOK! おトクに活用するアプリ2 スマホで賢いショッピング — 172

免税品を賢く利用しよう 意外とおトクなメリット多数 — 174

TRAVELER'S NOTE｜ツアー参加でおトクに遊ぶ — 176

移動手段1 列車旅 現地ならではの車窓の風景が旅情をくすぐる — 178

移動手段2 バス旅 現地ならではの移動手段で気軽に楽しむ — 180

移動手段3 飛行機 移動の強い味方 旅行の手助け — 182

移動手段4 現地ならではの移動 足で稼ぐ旅立つ派遣は現地移動に使う — 184

足で稼ぐ旅先現地 ガイドブックにのっていない世界が旅客現地の街を探ってみる — 186

両替とチップ 旅先が決まったら浸みるとも現地カレンシーに — 188

非日常が日常に決まってくる 旅の極意は世界に浸れること その街目をあげてみる — 190

ナイーブな問題 その人がそう信じているから 当地のマナー事情 — 192

国境を越えてみよう 陸路でよその国へ 女子旅はなぜだかチャレンジャー — 194

憧れの国の国境越え 国境を越えたらちがう陸路 — 196

さみしい夜の過ごし方　落ち込んでも翌日に持ち越さない
ひとりの夜はこう過ごす — 198

ひとり旅のひとりゴト④　異文化コミュニケーション — 200

CHAPTER 4 ［エリア攻略編］ 世界を旅するルート例 — 201

アジア編　ひとり旅デビューにぴったり！
台湾、タイ、インドすべて個性豊か — 202

ヨーロッパ編　見どころが多い人気のエリア
プランを練って効率よく動きたい — 204

TRAVELER'S NOTE｜ドイツで宗教画を鑑賞した末に — 206

TRAVELER'S NOTE｜かわいい家と町並みを見に — 207

アメリカ（北米）編　東と西で姿を変える大陸
時間があれば横断旅も — 208

中周遊編　国ごとの面白さを知る周遊旅
中央アジアなど旧共産圏に注目 — 209

冒険編　いつかは行きたいマチュピチュ遺跡
南米もアフリカも夢じゃない！ — 210

世界一周編　世界一周航空券を使う？
ひたすら乗り継いで行く？ — 212

ひとり旅のひとりゴト⑤　旅先で何を得る — 214

CHAPTER 5 ［トラブル＆帰国編］ 旅で待つピンチの数々 — 215

旅のトラブル1　病気　頑張らず、がんばりすぎず
疲れる前にひと休みが大切 — 216

旅のトラブル2　事故　事故が起きてからの対処法
交通ルールはあってないようなもの — 218

旅のトラブル3　犯罪　「よくあるトラブル」を予習して
被害に遭ったら迅速に対処を — 220

旅のトラブル4　女ひとり旅のピンチ　世界にある力カンとセクハラ
被害者にならないためには — 222

旅のトラブル5　天災・テロ　自力で解決できないトラブルは
情報収集と身の安全を第一に — 224

海外旅行保険加入のコツ　いざというときに知るありがたみ
カード付帯の保険には要注意 — 226

旅の達人アンケート｜安全のために心がけていること
対策グッズなどを教えてください — 228

TRAVELER'S NOTE｜停電・暗い場所にそなえて — 230

TRAVELER'S NOTE｜普段からやりたくない料理や洗濯は
旅先でも面倒くさいのだと痛感…！ — 231

TRAVELER'S NOTE｜それでも旅が好き — 232

旅の達人アンケート｜ひとり旅で人生や価値観は
変わりましたか？ — 234

帰国準備　家に帰るまでがひとり旅
帰国の段取りも抜かりなく — 236

EPILOGUE — 238　　PROFILE — 239

＊本文中のデータやレートは2024年8月現在のものです

Q. なぜひとり旅なのか
A. 自由だから

とにかく自由
とにかく気楽

気を遣わなくていい
気を遣われなくていい

行きたいところに行き
行きたくないところには行かない

時間も空間も
嬉しいも楽しいも
くやしいも切ないも
全部全部ひとりじめ

全部全部私の旅!!

ひとり旅の
ススメ
低橋

［旅の計画編］

旅の形を決めよう

スタイルから予算まで

CHAPTER 1

023

なぜ「ひとり旅」？
ひとりは寂しい？ 危ない？
実は簡単にない、ひとり旅

かれといえばひとり旅のメリットを挙げると、まずひとつめは「自由」ですよね。一緒に旅行する人がいないからこそ、実際のところは何度聞かれても「寂しくないですか？」「危なくないですか？」

ひとり旅のメリット

時間を100％自由に使える

同行者が楽しんでいるうちに、自分は疲れたと感じる「移動」ひとつとっても、近くのカフェに寄りたいと思ったのに同行者が先に行ってしまったら、同行者を気遣って、行きたい場所に行かなかったら、遠慮しているうちに自己主張できなくなる日本人の日常から、空気を読んで笑顔を絶やさず不完全燃焼の旅に気づけば……

好きなことを好きなだけ好きなように感動できる

好きなことだけ好きなだけ好きなように感動できる

ちょっとしたアクシデントもひとり旅ならではの面白さや、達成感や充実感が味わえる

「ひとりだと発見だっけがあった自分だっけが好きだった好きだったか」「自分だったらどうしただろう」「気軽にカフェに入ったり、絶景を目の前にくつろいだり、観光名所でも自分の好きなだけ気遣いしない。無用な気遣いはしない。気兼ねなくダラダラ、今日は1日宿で世界でも1人だけに手にしたような気分だ」

あたり前だが、ひとり旅は全部ひとりでやらないと旅が進まない。切符を買う、レストランで注文する、宿にチェックインする、行き先を探してバスに乗る、目的地に行く。

一度理解すれば大した作業ではない。本書でそのノウハウは具体的に解説する。ただガイドや英語が達者な同行者がいない現場で、これらひとつひとつをクリアしていくのはちょっとしたゲーム感覚だ。「はじめて切符がひとりで買えた」「注文したご飯がおいしかった」そんなちょっとした達成感の積み重ねと充実感は、ひとりでないと得られないひとり旅の醍醐味だろう。たまに失敗したとしても、それはひとつの経験だし、その失敗をどう受け止めてどう乗り越えるかで、新しい自分を発見することもある。

ひとり旅のデメリット

デメリットについては、たとえばこんな質問を受ける。

「寂しくないの?」

→NO。むしろ前述のように切符を買ったり下調べをしたり、ひとり旅は案外忙しいし、SNSがあれば寂しさはほとんどない。

「危なくないの?」

→どちらともいえない。だが、ツアーや仲間との旅よりも、ひとり旅のほうが小さな犯罪に遭いにくいと語る人は多い。話に夢中になり貴重品の管理がおろそかになる、といった「油断」がないからだろう。

ひとり旅のデメリットは、宿やタクシーなどの割り勘ができないので割高になりがちなことや、荷物の見張り番をしてくれる相棒がいないの

で、公衆トイレでも荷物を自分で抱えて歩かないといけないこと、食事のときに品数を多く頼めないこと、などだろうか。これらをクリアしていくかも、本書で語りたい。

いずれにしても、ひとり旅は以前よりずっとしやすくなっている。LCC(格安航空会社)やバスのネットワークが世界中で発達し人の行き来が多くなった結果、手ごろできれいな宿が世界各地に増えた。SNSで旅先の情報が豊富に手に入り、緊急連絡などの安全管理も工夫できる。女性のひとり旅が増えているのも、このあたりに理由がありそうだ。

迷っているならまずはどこか行ってみよう。どこに行くかというよりも「ひとりで旅に出てみたい」という気持ちが大切。あなたの旅はもうはじまっているのだ。

ひとり旅にはいろいろある

行き先を決めよう

SOLO TRAVEL GUIDE 002

飛行機やバスでの長距離移動、ひとりではいきづらいような秘境、塩湖などの絶景、アウトドアで興味があるけれどひとりでは難易度が高いと感じるものなど、旅に出ると決めたときにすぐに思いつく場所は世界中を見渡すとたくさんあるはずだ。

ひとり旅に向いている場所の条件

- 公共交通機関が発達している場所
- 見どころが多く、飛行機の直行便があるなど、行きやすさを最優先にした場所

う好奇心の受け皿が充実していて同時に動きやすい場所である。ひとりで楽しめるスポットが多く、ひとり行動だとレンタカーやタクシーより地下鉄・バスなどの公共交通機関のほうが安くつくし、道にも迷いにくい。到着までのハードルを下げるためにも、直行便があるとなおよし。たとえばこんな場所だ。

- 韓国（ソウルや釜山）
- 台湾（台北や台南）
- ローマ（ほかヨーロッパ主要都市）

どこも歴史ある街で見どころが多く、宿も豊富でひとりメシの場所も見つけやすい。さらに、こういったシティリゾート（都市部の観光地）は外国人慣れしているのでカタコトでも意思を通じさせやすく、多言語表記も整っている。第4章でもっと詳しく触れていこう。

027

SOLO TRAVEL GUIDE 003

旅のスタイルはひとり旅にある

旅のスタイルを決めよう

もし旅になれていないのなら、バックパックを背負って気の向くまま……といった冒険の旅は己の野生の勘だけがたよりになる！ここは頼れるものは極力頼りたいところ。そんなあなたに！

●パターン1「航空券やホテルを全部自分で手配する」

旅に出られるとなったら多くの人がまずイメージするとおり、航空券やホテルを先々で支払う「現地払い」や旅行会社を通してお金を支払っておく「ネット予約」など、日程を決めたり、交通機関を予約し

たりと（基本的にはすべて）自分で全部探して、空港でのチェックインやホテルの下調べ、観光地への移動も基本的にすべてひとりで行う

●パターン2「ツアーを利用する」

本書で主に紹介するパターンがこれ。意外と攻略のしがいがあってとっても楽しいし、旅のだいご味もしっかり味わえる。「一歩ずつ進んだら大変だけど……！」というゲームなんというかスリルがある（笑）

旅行会社が提供するツアーというのは最初から全部

を利用するこれはより航空券とホテルをセットにしたもので、最低限、出発日の延泊する場合は1泊から追加料金で自由に設定ができる。ホテルまでの送迎つきで、到着すれば一歩も歩くのに困らない（可能であれば）。日本の空港からでもホテルへの到着まで多くのツアーは手配金含きで配れる（手

半日観光やランチもついたツアーもあり、街の概要をつかむ助けになる。万一のとき、旅行会社のバックアップが期待できるのも安心材料だ。

デメリットは2人以上参加が前提なのでひとりだと割高になること、ホテルを選べないこと。せいぜいツアーが指定できる程度で、たいていはピジホのような中級ホテルだ。

●パターン3「おひとり様ツアーに参加する」

最近増えている「おひとり様ツアー」。ひとりで旅したいが完全にひとりだと怖いし面倒、といった旅行者のために用意されたツアーだ。

メリットは気軽さ。ひとりで参加している人ばかりなので気兼ねもいらないし、時には新たな旅仲間が見つかることも。またひとり1部屋利用が前提、価格設定が多いので、余計な追加料金はかからない。デメリットはツアーなので行動の自由がきかないこと。自由行動多めのツアーを選ぶか、また個人では行きにくい奥地や、お祭り見学などのツアーなら利用価値は高い。

●パターン4「ガイド同行パッケージツアーにひとりで参加する」

海外ひとり旅派に意外と多いのがこのパターン。インドやアフリカなど、ひとりで行くのは怖かったり、交通の便が悪い場所ではツアーの利用価値は高いし、そのほうが安い場合がある。同じことを考えているおひとり様参加者も案外いて気楽だ。旅行会社がOKといえば、日本出発のチベットやサハラ砂漠ツアーに現地合流して、前後は自分で自由に歩く、なんていう高度なセミひとり旅もあり得るだろう。

クロアチア・ドブロブニクの旧市街

バックパッカー・スタイル

気ままにバックパックを決める2
旅をする自由な人々

バックパッカーとは言葉の響きからいまでは旅人＝バックパッカーと考えられている時期もあったが、旅人のスタイルも多様化されている。

ひとくちに旅人といってもいろいろだ。

自由気ままにスタイルや気分まかせに野宿もOK。風まかせ、気まかせで世界を歩こう

カネがない、自由な旅人たち——コツコツ頑張らなくてもいい。自由な旅人たちは、鉄道を巡る旅、格安のゲストハウスやユースホステルに泊まりたいと思う人もいれば、世界中を移動する人達や道路を利用

宿代すら惜しいなら清潔な宿に無理して泊まりたい人もいるだろう。移動する人達や道路を利用。ゲストハウスに伴う手ごろなゲストハウスや民宿に泊まり気ままに旅する

Tシャツに短パンサンダルという目的地に行きたい安宿のときも先に決める格好で費用もかなり大きめに。

世界一周するときには1年以上かけて自由な旅を楽しんでいる人も珍しくない気ままな人だけこの予約席の座席は片手にスマートホテルやネット予約しているだけでスマートホンやネットの発達していた世

のほうだったり、宿のとったりしなくてだけでこの列車の座席とかスマートホンやネットの発達した世界では明日泊まる

カ月半年というとき自由な旅を上手に使った旅に予約なしでバスやホテル。

世界一周するときは1年以上かけている人も珍しくない気まかせ。

い。以前だったらアイコンのように背負っていた大きなバックパックも、コロコロつきのバックパックだったり、キャリーケースだったり、最近は持ち物からでは判断できない。

では、どんな人がバックパッカーといえるのか？

たぶんいまの時代では「好奇心の向かうまま、自由気ままにひとりで旅をする人」というのが近いかも。つまり、パックツアーでない限りはバックパッカーの仲間。そう、本書を読んでくれているあなただ。

もし、そんなバックパッカーの雰囲気を知りたいなら、バンコクのカオサンに行くといい。世界のバックパッカーが集うこの街は、自由でだらけで、どこともなくワクワクした空気に満ちている。それが自由を愛する旅人の世界、旅人の空気だ。

CHAPTER 1

COLUMN

語学ができないと旅はムリ？

結論からいうと、大丈夫。というか、英語や行き先の言語がちゃんと話せるようになってから旅に出たい、といってたら、たぶん大半の日本人どころか、世界中の人が旅に出られない。

現代社会ではほとんどの国で誰かが話せる確率がいちばん高いのが「英語」なので英語がいちおう世界の共通語扱いになっているが、英語のネイティブスピーカーは全体のひと握り。ほとんどの人は日本人と同じ、非ネイティブだ。

だが完全に違うのは「度胸」である。通じようと通じまいが、ハートが強い海外の人々は堂々と自分の意思をつたない英語で伝えるし、そういう姿勢の人に対して、英語ができないからとバカにしたりしない（人種差別主義者の横柄な態度はまた別のお話だ）。

ホントに？と思うなら、ニューヨークやロンドンなど世界から非ネイティブが集まる英語ネイティブの都市に行ってみるといい。くせのある英語で笑顔で会話する、いろんな顔の色の人々に出会えるはずだ。どうしたら意思を通じさせやすいか。P.150から詳しくお話する。

文：山田 静

「旅を構成するパーツ」を考えてみよう

SOLO TRAVEL GUIDE 005

いくらあれば行けるのか「見積もり」を立ててみよう

自分にも無理なく出せる基本予算はいくらか。旅行のベースとなるのは、ナンバーワンの出費はだいたいみんな「余裕」。余裕があるからこそ旅に行こうと思い立ち、「……へ行きたい」と夢をかたちにする。まずおおまかに生じるお金を「見積もり」してみたい。旅積もりに欠かせないのが次の4つ。

1. 航空券代
2. ホテル代
3. 現地費用
4. その他個人的な費用

- 1. 航空券は時期を選ぶ

航空券代ともっとも大きく節約できるのが次の2点。1.航空券代、2.のホテル代。まずは航空券代。上手な買い物をするにはどうするかというと、旅費を抑えるポイントとしては詳しくは後述するが、航空券代をトータルで考えたとき、

- 近場より遠方のほうが高くつく。シーズンはオンシーズン、オフシーズンによって値段が違う。アジアは安く、欧米は高い。一般的にビジネスクラスはエコノミー以下の倍以上高くつく。

項目	分類	留意事項	予定単価	日数	小計
1 航空券代		シーズンに注意			
2 ホテル代	都市部	高額な場合はドミトリーも検討			
	地方				
3 現地費用	移動費	周遊旅行の場合は日程を考える			
	食費他雑費	水、おやつ、入場料など			
4 その他個人的な費用	お土産代				
	アクティビティ	高額なアクティビティは予算に計上			
				合計	

南米はもっと高い。雨季や真冬など旅行に適さないといわれる時期は安く、夏休みや旅先のベストシーズン（日本だと桜や紅葉の季節）は高い。

そう考えるとオフシーズンに近場に行けば安い、ということだが、そんなに都合よく休めないし、せっかくなら旅やすい時期に行きたい。ならば狙い目は「ピークの前後」。

航空券の価格は出発日が1日違うだけで大きく変わる。遠距離は特に希望の日にこだわらず1日違い、2日違いでこまめに検索しよう。

具体的にいえば、ヨーロッパなら、バカンスシーズン終了から冬が来るまで＝9月中旬から10月半ばまで（ただし10月は国際会議シーズンで世界的にホテル代が高い）。たとえばアジアなら春節後、雨季や暑季の前＝2月下旬から3月あたり。地域

差もかなりあるが、大きっぱにいうと比較的気候もよくお正月や祝祭日を見ておくと、効率よく安い日を探せる。どうしてもピーク時にしか日程がとれない場合は、乗り継ぎ便にすればぐっと安くなる。

ちなみにLCCは料金の季節変動が少ない。大手のLCC・エアアは、成田空港からバンコクへの往復料金は通年だいたい5〜6万円程度でおさまる上に、もらいろいろセールもしているので要チェック。

筆者の場合、目安として、ヨーロッパなら燃油費込みで10〜15万円、アジアなら10万円以内で探す。オフシーズンなら直行便、ピークシーズンなら乗り継ぎ便で価格調整。燃油費が数万円する上によく変わるので、「燃油　値上がり」で検索し値上が

り前に予約するのもひとつのコツ。

ホテルは予算を立てる

次に高いのが2. ホテル代だ。節約どころは「都市とリゾート」。世界的に、ホテルは都会とリゾートで高く、田舎で安い。たとえばフランス旅行ならパリのベストハウスやホステルに泊まり、ほかの場所では個室に泊まると予算を調整できる。

筆者の場合、個室でシャワー・エアコンつきを最低条件として、欧米の都会なら税込み50ドル以内、アジアなら30ドル以内を目指す。都会で70ドルかかったら、田舎で30ドル程度に抑える、というふうに全体でつじつまをあわせていくのだ。これを掛け算すると、見積もりが出る。つまり6泊の旅なら、欧米なら300ドル、アジアだと180ドルだ。

旅のだいたいの予算が定まったら貯金をはじめてみよう

いくらあれば行けるのか②

a. 移動費

2. 現地費用をさらに分解

次は2の現地費用だ。これはさらに分けられる。

- a. 移動のバス・地下鉄など
- b. 現地費用だ。これはさらに分けられる。

交通機関で当然バス、地下鉄、タクシー、都市滞在で短距離ならタクシーなどの公共乗車券やタクシーなどの公共機関を使う。都市を回る場合、滞在日数でバスパスを見つけて1日乗車券やタクシーなどを使い掛ける。

要1時間飛行機だと30〜40ドルくらいから、タクシーだと50ドル程度かかる。所要は8時間程度の移動だ。

間のあるときはバスで遺跡まで行くとカジュアルな「タクシーのアプリ」を使用する必要がある。

順番は旅のとおり日程を立てて考える必要がある。

たとえば起点であるコルカタから遺跡へ行く場所。

飛行機で片道をどう選ぶかも旅の選択肢の一つ。

時間をかけて楽しむか、お金を使って片道50ドル程度で1時間移動するか。

動きを時間とお金のバランスで考えたい。

際のあるバス・街へ移動する際の

バスはヨーロッパだと見るかぎりも安く、タイヤの種類や価格を調べて1カ国で効くので、1カ国5カ国を効くようなユーレイルパスが便利だ。基本は鉄道機関で支払うことになるが、バスのほうが大きなタイヤだ。

ユーレイルパスは33カ国で巡るバス・鉄道乗り放題のパスで、タイ有効国である5カ国のユーロで350ユーロ程度。日本のパスとは違う。

ロッカ日程度バス変わるが、ヨーロッパではすべての都市間交通機関は国や段どけ高い。ジェトエアで調べ、ものやすい路線と乗客の雰囲気がとても乗ったしたればバスなのだが、車内で販売したりとスリルと大きな風景や車窓値段など。

034

楽しめる。アジア域内は列車旅もよいが、LCCでフライトするので、欧米より安かったりするので多数。鉄道やバスも検索してみよう。

世界どこでも、たいていもっとも安いのは格安高速バスだが、見積もりの段階では飛行機やレンタカーを組み合わせて使うこととして、仮にアジア2万円、ヨーロッパ4万円、タクシー代その他で1万円加算、と考えてみる。予算に余裕を持つべきだ。

b. 食費と雑費（水など）

これもアジアと欧米、都市と地方、さらに自分がどれだけ食にこだわりたいかで大きく変わる。詳しくは次の項目で見ていきたいが、1日一度はふつうのレストランで、あとはカフェや屋台で軽く済ませると想定すると、アジアなら1日3000円、欧米なら1日4000円程度おさめたい。7日間だと、アジア2万1000円、欧米2万8000円だ。

旅貯金をはじめてみよう

1〜3で、ここまでの大まかな合計で、7日間の旅でアジアは17万円程度、ヨーロッパは28万円程度。

ここに4、お土産代金や入場料などが入ってくる。スポーツ観戦、ミシュラン星付きレストラン、オペラ鑑賞など高額なアクティビティが旅の目的に含まれていたら、忘れずに加算。円安・円高で大きくブレるが、いったんあなたの旅のおおよその「見積もり」ができているはずだ。

ちなみに筆者の場合、直前まで行き先を決めていないことが多いので「とりあえず20万円」を目安にひとり旅用に資金をキープすることを心が

けている。アジアだとおつりがくるし、ヨーロッパだと足りない。どちらに行くかは懐具合次第だ。

1月1万円の貯金＋ボーナス、あるいは1月2万円の貯金でやりくりするもよし、来年の旅に向けて貯金をためてみてはどうだろう。旅はそこからはじまっている。

スペイン・グラナダのアルハンブラ宮殿。アンダルシア地方の観光はセビージャを起点にすると便利

お金で見えて、別の世界もある旅の費用

SOLO TRAVEL GUIDE 007
あなたは行くの？ 1日に3

美術館や美術展に行きたいというのは旅行人共通の願い。1円でも安くしたいときは「入場料はいくらから高くても行きたい」という人。また「高いけれど無料のところも多い」など、安くお得に歩けるところ基本デメンタリーか屋台か

徹底節約か メリハリか

1.節約を考えてみるか

旅のスタイルは各地で異なる。あなたは1日どのくらいで旅したい？ 1日1人あたりいくら使うかで旅のしくみは別のもの。メリもハリもある旅に出たいと思うなら、節約するのはあり。

「食事は基本デパ地下か屋台か宿に近いスーパーに。宿にキッチンがあればホステルでも長く旅したい基本でキッチ。食事は自炊もあり、路線バスなど歩けるかぎり。自然体のスタイルで動き、生活に限りなく近い旅にしたい。移動は徒歩か路線バス。宿は基本ドミトリー。値切れるとこらは値切り、買い物は露店や市場など、近くにあるバザーへ。安いドミトリーに限りなく近づけるのはもちろん、ピンキリあるから近くもなるがどう。ジャッジは自然だけど相当な気分に。どこまでも値切るアジアなら、自分の器量。いくらまで店まで値切れる人だとしてもあり、近いスーパーは露店や市場など、自分だが市場な」

香港の高級ホテル・ペニンシュラ。泊まれなくてもお茶しに行く、というのもアリ。

036

浸れる。

2. たまにぜいたく メリハリ旅人

ほどほどの節約とたまのぜいたくというメリハリをつけたい旅人。移動は公共交通機関とたまにタクシー。食事は2日に一度くらいレストランで名物料理を食べ、あとはカフェやデリ。宿は安い個室だけど、いいホテルに泊まって余裕があれば、多少の出費も覚悟。

大人のひとり旅だとこのパターンが多いだろうか。時間と安全優先で無理せず、とはいっても無駄にお金をかけすぎず旅を楽しむタイプだ。

3. 自分にごほうび大好き旅人

せっかくの旅行、全部楽しみたい！というタイプ。節約するのは時間のほうだ。タクシーに乗るのをためらわず、星付きレストランもきっとそうひとり出かける。ホテルは安全・快適重視で大型・高級ホテルや古城ホテルなど思い出に残る宿に。オペラにスポーツ観戦など、アクティビティにも貪欲だ。

1. とは対照的な旅だが、こういった旅で見えてくるのは世界もある。たとえばインドのまずしい社会の場合、バックパッカーとして旅をしながら1泊だけおしゃれして超豪華なホテルに泊まってみると、まるっきり違う世界が見られるひとつの経験だ。

多少乱暴だが、費用の目安をまとめると1. と3. のミックスだ。たとえばドミトリーに泊まるが食費は惜しまない、という人もいるだろう。

それもまた自分の旅のスタイルだ。

ざっくり概算！ 宿代込みで1日いくらかかるのか？

	アジア	欧米
節約バックパッカー	3000〜4000円	5000〜6000円
メリハリ旅人	5000〜7000円	9000〜12000円
自分にごほうび旅人	10000〜15000円	20000円〜

＊どのエリアも、バンコクやパリ、ニューヨークなど大都市は1000〜2000円プラスして考えたい

意外とかかる、旅の見えない費用

あればあるだけ行けるのが4つに気をつけろ
おしゃれとつける

SOLO TRAVEL GUIDE 008

旅の必要経費

いうものがある。旅の実費、それ以外の「お金」について語っておきたい。

○海外旅行保険は必ずお金

まず加入すること。内容などを確認しないと、いざというときに大事な補償が有効にならないケースも付いているものも多い（詳細P.26）

○旅行保険金

詳細P.62、64ページ

期間で補償額は制限があるが、ほとんどが1週間100ドル程度で入れる。いざというときでも、バックパッカーが入院したりすると最近1万ドルでは足りないポジションの入国
(64) 旅立ちのスパン人国渡航申込書類5年間有効で1万円から、長いもので10年間で5万円程度。必要なビザは、人国する国のパスポート
10万円からだ。

○ビザ
イラリアは到着時取得で入国でき、アフリカは30ドル黄熱病の子。

イスタンブール空港。旅に必要なものは空港で買えるが、たいてい高い

防接種の証明書が必要な場合もある。出国税1000円も必要。

○Wi-Fiルーターなど通信費
（詳細P.120）

SIMフリーのスマホを持っていて、現地でもスマホを使いたい場合、SIMの費用がかかる。また、Wi-Fi環境を旅の間ずっとキープしたいから、レンタルルーターを日本で借りて持参する人もいる。台湾のように利用者が多い地域だと1日300円程度からレンタルできるが、渡航者が少なかったりWi-Fi環境が整っていない地域だと、1日1000円近くかかる場合も。宅配便で家まで送ってもらったら、そのぶんまたお金がかかる。

○日本の空港までの交通費

案外かかるのがこの費用だ。都内から成田空港まで、成田エクスプレスで片道3070円かかる。成田空港の場合、空港までの1500円の格安バスが運行されているなど、さまざまな交通手段があるので、下調べをしっかりと。現地到着空港から市内への交通機関も同様にチェック。

旅行グッズに用心

油断しているとお金を使ってしまうのが、旅行グッズ。

「せっかくなのでちょっといいスーツケースを買おうかな」

「あ、これ便利かも」

「かわいいポーチで揃えたい」

この発想があっという間に赤字を招く。旅行グッズについてはP.86以降で詳しく紹介していくが、何度も行く予定がないなら、あるいははじめての旅なら、びびかび新品で揃えるよりも、手持ちの使い慣れたアイテムでまかなえるところは済ませたほうがいい。ポーチの柄がばらばらでもひとり旅なら誰も見るわけでもないし、手ぬぐいやストールで服や荷物をまとめたっていい。衣類圧縮袋はジップロックの大きなサイズで事足りる。スーツケースも、短い期間の旅ならレンタルでもいい。旅を重ねるうちに自分のこだわり、荷物の分量、旅に必要な道具がわかってくるので、だんだんと揃えていけばいいのだ。むしろ使い慣れないアイテムが思ったより小さかったり壊れやすかったりすると、それだけでストレスになる。旅用品の専門店に行くとなにもかも欲しくなったりするが、「なんのために自分は安い航空券をあんなに一生懸命探したのか」を思い出して、ぐっと我慢しよう。お金はむしろ現地で使いたい。

高い、混んでる、移動できない ベストシーズンの罠

SOLO TRAVEL GUIDE 009

移動もスムーズだ。スムーズに移動すると同じ宿代が倍になりうる。人があふれて大混雑となり、都市部へのツアー料金も跳ね上がる。世界の大都市へは、シーズンをずらして行くと大変快適にまわれる。願わくば旅に出たい、という次第。社会人になりたての時期や、「休みがとれる」時期に「休みがとれる」季節で休みがとれるベストシーズンは

ただ、ベストシーズンだからそれはそれで仕方ないこと。

その紅葉や桜、身近な例では京都の紅葉シーズン、宿代は一度は見ておきたいと思うが、それにしてもスムーズに旅したいなら、ベストシーズン「ベストシーズン」に行くにはスケジュール上

〈1月から2月〉

春節

世界の大きなイベント例

季節や要注意期間を挙げてみよう。

〈1月から2月〉

春節

毎年1月から2月にある中国系の旅行者がとても多く、日本にも大型連休となる中国人の旅行者がたくさん出るので、世界の観光地を訪れる。ホテルをまたオーバーブッキングとなり、大混雑。香港や台湾の旅行者は同時期に高くなり、旅行シーズンとしてはかなり早い。

〈4月中旬〉

旧正月

タイでは水かけ祭りが有名だとわけるほど盛り上がる東南アジアでも4月中旬〈旧正月〉

〈10月1日以降〉

国慶節

10月1日、中国の建国記念日。中国では休みが多く、台湾では10月10日（台湾の建国記念日）と続く。東南アジアでは春節にしろこれらにしろ、新年の祝賀ムードが現地ではあるのだ。

040

アジアの人々はこの季節に休暇をとって旅行に出かけることも多い。

○ラマダン（断食節）

〈イスラム暦の9月（2025年は2月28日から3月29日）〉

この期間、イスラム教徒は断食する決まりがある。日が出ている間は食べ物を口にできない。異教徒がこれを守る必要はないが、昼間は店が閉まっていたり、夕方以降、人々がそわそわし始めるので、なにかと影響を受ける。国により戒律がゆるやかなところと、厳密なところがある。

○イースター休暇

キリストの復活を祝う行事で、春分のあとの最初の満月を軸に、ヨーロッパ各国が連休。旅行する人も多く、逆にお休みになる店も多い。

○カーニバルシーズン

謝肉祭と訳される、カトリックの祝祭期間。国や地域によって違うが、2、3月ごろに行われるお祭りだ。有名なのはリオやヴェネチア、ケルン。時期はホテルが激混みで高い。

○バカンスシーズン

夏至のあと、7月から8月・9月にかけてヨーロッパはバカンスの季節。多くの人が1カ月程度の休暇をとり、観光地の宿代その他はおおむね高くなる。と同時に、音楽祭などイベントが目白押しで昼間も長く高いのさえ我慢したら楽しい季節だ。

○クリスマス期間

12月に入ると、欧米諸国はクリスマスの準備がはじまる。各地のクリスマスマーケット巡りは楽しいが、12月25日のクリスマス当日は家族で過ごす習慣があるので、街からはたっと人がいなくなり、ひとり旅は若干寂しい思いをするかも。

12月から新年の間、クリスマス休暇をとって旅行する人もいるが、街はおおむね平常運転。新年もお店が休みになるようなことはない。

ほかにも、日本のシルバーウィークのような短い連休や建国記念日などさまざまにあるので、行き先が決まったらまずは「祝祭日」をチェックしよう。ガイドブックが手元にあったら、「祝祭日」と「旅の気候とシーズン」をあわせてみて、そこを少し外して行くのがコツだ。

ちなみに安いからといって、オフシーズンのど真ん中に行くのもあまりおすすめしない。バスの便数が激減していたり、日照時間が短く行動時間が制限されたり。オフシーズンなら、あまりにくびな場所でなく、季節にあまり左右されない都市部や観光地を訪れるのがいい。

SOLO TRAVEL GUIDE 010

旅行の期間は何日くらい？
1カ所3泊が理想

1泊、2泊、3泊……

必要なのは休みだとか言われるとその期間が旅の期間になってしまうが、ちょっとそれは置いといてどのくらいの日数がちょうどいいのか考えてみよう。

1カ所3泊がおすすめ

3泊を目安にせよ、と言いたい。1日目は到着日、2日目は本格的にその街を歩き回ってポイントをチェックするとし、初日はざっくりその街の雰囲気を把握する。周囲の様子を見ておき、その時間から郊外の観光スポットに行けるのなら行ってもいい。これを目安に3泊する。

ゆとりをもって

ぐっすりと休めて、もし天気を崩してしまっても次の街へと移動しなくてもいい。時間の短縮を目的として2泊3日で行くのもいいが、3日目は郊外の観光にあて、時間を半日ずらせば2泊3日でもよくなる。光程にとってなによりは出かけることなのだ。

体調をくずすと3日目で休んでも、時間に遅れるとも、次の街へ移動している中、4日目は滞在中、移動して気持ちが落ち着いたら再訪する場所もあるしする。

機関を確認し、ホテルに移動する。とりあえずホテルにチェックインしたら、旅の拠点となるホテルへ。モノコイラクーなどの交通機関を確認したい。

かつて魔女狩りが行われ「魔女の街」として知られるセーラム。ハロウィンは仮装の人であふれる

042

すべて自分でやらないといけない。当然、すべて用意されてガイドと専用バスが連れて行ってくれるツアーよりも観光以外に時間がかかる。

だがそれこそが、ひとり旅の面白さだ。バス停やおいしそうなレストランを探したり、道に迷ったり、地元の人に混じって列車に乗り込んだり。そんな、旅の途中の面白さを全部省いてしまうなら、ひとり旅に行く意味はない。

ではひとり旅は、行く場所を絞るべきか？　というと、そういうわけでもないのでご安心を。

筆者の場合、大きな都市を拠点にして長めの連泊をし、そこから日帰りで近くの街に行く、という日程をとることが多い。たとえばアメリカ東海岸だったら、ニューヨークに3泊、ボストンに5泊して、ボストン

からセーラム、ケープ・コッドなどへ足を延ばす。大きな荷物を置きっ放しにできるので楽だし、滞在が長いとなじみのカフェができたり、暮らす感覚も味わえる。

あるいは、途中下車の旅もアリだ。

列車移動のときに、目的地の途中にあるちょっと気になる街で途中下車して、ぶらぶらっと半日だけ歩いてまた電車に乗る。「この小さな街でひとつだけ気になる教会がある」といった場合は、こんなやり方でもいい。ただし海外の駅にはコインロッカーなんてものはほぼない（預かり所がたまにあるだけ）ので、スーツケースを持ち歩きながらの観光を覚悟するか、1泊しよう。

必要日数を計算する

この考え方で、旅の期間を考えて

みよう。たとえば台北だけなら、日本との往復も含めて4日でもいい。

しかし、台北と台南2都市なら、6日間、無理なら5日間は必要だ。ヨーロッパの場合、往復で3日かかるので、「行きたい・滞在したい都市」×3泊か2泊＋1日（移動日）として計算してみよう。だいたいの旅の期間が割り出せるはずだ。

ちなみに「旅」そのものの世界に浸るほどどれくらいの期間が必要か、旅人によって諸説あるが「だいたい1週間後」くらいが、日本での日常のモロモロが抜けて「旅の日常」に入り込んでいく目安だという。最初からいきなりでなくてもいいが、できれば10日間以上、願わくば1ヵ月以上の長い期間で旅に出てみよう。旅人としての新しい自分に出会えるかもしれない。

主観・客観情報にたどり着くなにを参考にすべきか

的な情報なのか必要な情報になるべく情報迷子にならないようおもな情報源は次のようにも分けられる。

[主観的な情報=個人の意見／客観的な事実=主観的な情報と正確な個人の情報源は次の5つだ。

① 周囲的な情報のクチコミ
② SNSのクチコミ
③ 個人のブログ、YouTube
④ ネットの公式情報（各国大使館や外務省など）
⑤ ガイドブック

[客観的な情報]

■ ステップ1　行き先を決める

旅のヒントになる風景はSNSで検索する。「死ぬまでに行きたい絶景」などは旅好きの心をくすぐるイメージなので、適当な景色が見つかればSNSの②のキーワードを押さえてくれる。検索ワードは「地名＋note」など。①のクチコミやブログなど思った〝コロポの口コミ〟だ。

■ ステップ2　行き先の候補がいくつかしぼれたら、YouTubeなどで体験ボリュームを見ると輪郭がはっきりしてくる人もいるはずです。客観的な情報として、政治的な危険がある場合などには大使館など記載されている地域に行くケースもあるため、安全な地域に絞ったうえで②の旅行会社の条件を入れ渡航書類などまたがり、そして具体的な旅政情不安定地域なのか最低限の伝染病などの有無を確認しておきたい。把握しておく政治的な危険な場所など必ず外務を

2度目、3度目の渡航なら別だが、はじめての土地にはじめてのひとり旅なら、あとで解説するガイドブックも欲しい。SNSの「盛った」情報だけ信じるのは危険だ。

■ステップ3　詳細を詰めていく

プランが進んできたところで、再び「主観的な情報」源に戻る。最新レストラン情報やスポット情報も得られるが、ひとり旅派が一生懸命検索するのは、むしろこんな情報だ。

・通信事情（使える＆安いSIM情報、Wi-Fi事情など）
・乗り物チケットは、アプリ、旅行会社、乗り場のどこで買うか
・同時期に行った人の気候の感想
・最近行った人の体験談、トラブル
・越える予定の国境の最新体験談
・宿情報

ここで必要なのが「いま、どうなのか」。その情報やクチコミがいつの情報か見ること。特にデジタル系の情報やトピックは5年前の話はほぼ使えない。インプレッション稼ぎやアフィリエイト目的の盛られまくった写真と「＃ベトナム最高」みたいなハッシュタグだらけの投稿も、情報としては無視。また人の記憶はあいまいで、間違いも多いことを念頭に入れておこう。国境情報など重要なトピックは、複数の人の情報を確認だ。

ガイドブックは必要か

ひとり旅派におすすめなのは老舗の『地球の歩き方』。推す理由は、観光案内以外の情報が掲載されていること。たとえばバス停情報に「＊行きのバスもここから出ている」といった具合に。その場では必要がなくても、旅の現場で急に光る情報が記載されていることがあるのだ。

巻末にある食文化や歴史、トラブルについての記事も、現地を知る手がかりになる。往路の機内や宿で読んでおくという予習になる。

英語の本だが『Lonely Planet（ロンリー・プラネット）』シリーズもおすすめ。世界でもっとも有名なガイドブックだ。写真も少なく表記もそっけないが、移動方法や見どころ、食事、宿などポイントが要領よく網羅され、掲載都市も細やか。シンプルな文章は読解の勉強にもなる。章ごとに買えるので、必要部分だけダウンロードして購入すればいい。

情報とはまた違うが、旅のお供にその地に関連した新書、あるいはご当地ミステリなどを持参すると現地への理解、あるいは臨場感たっぷりの読書体験が楽しめる。

旅のテーマを決める

1日ひとつが基本

日程を考えよう

SOLO TRAVEL GUIDE 012

やりたいことはなに?

 行きたいところはだいたい決まっているけれど、旅に出る前に全部決めてしまうとバタバタしてみるというひとは、日程を組み立ててみるといい。日程を組み立てて気に留めておきたいことがある。

 ひとつは、旅のテーマを決めておくこと。たとえば「建築を見る」「スイーツを食べてみたい」というように、自分のなかで自分の旅のテーマを決める。

 もうひとつは、テーマに興味が湧いてきたらもうちょっと「テーマ」のうえに立って、味も湧いてきたらテーマに「あ、一度ツアーで行った国をもう一度行ってみる」「以前行ったあの場所にもう一度訪れる」など、テーマをもう一歩踏み込んでみてもいい。そうすることで、テーマに沿った目的が決まったら、その目的を軸に旅の日程を決める。自分なりの旅の理由までもが湧いてくるはずだ。全然知らない土地に行ってもいいが、目的のない旅はなかなかもったいない。

 上がりないため、たいていひとり旅だとあれもこれも欲張ってしまいがちだ。結局忙しいスケジュールになり、最終的にはバテて終わる……

数々の物語の舞台になったセントラルパーク

046

にも変わらない……いやむしろ、ツ
アーのほうが効率よかった、なんて
ことにもなりかねない。

繰り返すが、ひとり旅の醍醐味は
時間を自由に使えること。好きなと
ころに好きなだけいる自由も、ひと
り旅ならではの楽しさだ。

なにかひとつテーマを定めていた
ら、あなたの旅は、そこさえクリア
すれば成功である。カフェ巡りが目
的なら、「カフェのついでにこの
食堂に行こうかな」と思ったときに
も、「でも目的はカフェだから、も
う1軒カフェに行こう」という方向
に気持ちを持っていける。現地で細
かい失敗をしたとしても、テーマが
クリアできていれば、それでいいの
だ。つまり、自分のなかでの旅の心
理的ハードルを下げられる。

この考え方で、頑張りすぎず、満
足感の高い、あなただけのオリジナ
ルな旅にすることができるはず。

具体的にはこう動く

たとえば旅のメインテーマが「セ
ントラルパークでニューヨーカーみ
たいにテイクアウトのサンドイッチ
を食べる」だったら、5泊7日の旅
で長くいるべきはニューヨークであ
る。天気が悪い日があるかもしれな
いし、サンドイッチもベストなもの
を探したい。万全を期すなら、セン
トラルパークの下見をして「いい感
じのベンチ」も探したい。それ以外
の予定はすべてオマケ。ニューヨー
クに3泊して、あとは近郊に行くの
もいい。

大まかに日程を決めたら、日々の
中身も決めていく。なにも決めなく
てもいいが、特別展やコンサート
など、日にちが限られるものはあら
かじめ予定を組む必要がある。

このときふたつのコツがある。
「1日ひとつ」である。テーマに沿
ったら、前述の例なら「この日は
サンドイッチを探そう」「この日は
1日セントラルパーク」など、漠然
としたことでもいい。それ以上のこ
とは欲張りすぎず、オマケと考える。
セントラルパークに時間が余ったら
メトロポリタン美術館に行ってもい
いし、体調や気分で決めればいいん
だ。これくらいの余裕を持って考え
ておくと、のんびりと旅できるはず。

旅を重ねていくと、自分のなかで
旅のテーマが出てきたりする。市場
巡り、階段の撮影、ただ歩き回るこ
と……旅に出る前は思いもつかなか
った自分の興味が研ぎ澄まされて
いく感覚も、ひとり旅の面白さだ。

旅の達人アンケート

場所やルートと、その旅にひとつおすすめの理由もお教えてください

●タイ&ラオス

公共交通機関が発達した都会でありつつ異国情緒も味わえるタイ、そこから鉄道や飛行機で簡単に行くことができ、のんびり落ち着いた空気を味わえて気が（ほとほとに）緩むラオスの2カ国周遊はいかがでしょうか？ スケジュールに余裕があれば、カンボジアやベトナムもプラスしたいところ。アンコールワットは必見の世界遺産ですし、ベトナムでかわいい雑貨巡りもいいかもしれません。東南アジアは比較的ひとり旅初心者におすすめです！

（水野）

●ヨーロッパはチェコとウィーンを巡るルート

チェコのプラハでかわいい雑貨や街並みを楽しんだり、ウィーンではスイーツやオペラ&バレエを堪能したりと、心ときめく魅力がたくさん！両国は列車やバスを使って、移動も楽にできますよ。ヨーロッパ内では比較的治安も○。ウィーン国立歌劇場の終演時間は22:00過ぎになることもありますが、ひとりで帰宅しても危険を感じず、拍子抜けした思い出があります。さらに時間があれば、首都以外にも足を延ばすのもおすすめです。

（渡辺）

●やはり近くのアジアが安心です

もしろの余裕ができます。毎日、荷物を持って移動する旅よりも、首都の宿を起点に、日帰りやり合わせて、2泊程度の遠出から始めると体力的にも精神的にも楽かもしれません。

中でも治安も良く人も穏やかでごはんもおいしい台湾やマレーシアはおすすめ。物価が上がっているとはいえ、欧米に比べ安く、なにをするに

（白石）

●台湾
現地の人々がやさしい。海外で最も親日。案内が丁寧で、日本語対応も多め。航空券の選択肢が多く、LCCでも十分耐えられる飛行時間。味覚が合う、しかもおいしい。

●シンガポール
英語と中国語の併記は日本人的に理解しやすい。街はさすがにきれいで清潔。小さい国でコンパクトにまとまり、地下鉄で巡りやすい。いざ困った時の「DAISO」「無印良品」など日本のお店も多い。

●ニュージーランド
治安がいい、人がおおらか。英語の国。オーガニック多めの食材は身体にやさしく、女性にうれしい。時差ボケの心配がない、大自然ときれいな空気に身も心もいやされる。
（シカマアキ）

●直行便で行ける都市
飛行機の乗り継ぎは初心者にはややハードルが高いと思います。

●周遊ではなく、1都市滞在
移動が多いとひとり旅は疲れます（トイレなどの際の荷物の見張りなど）。1都市に滞在し、日帰りで近隣の場所に行くほうがいいです。

●リゾート地ではなく、都市
リゾート地はひとりだと持て余しがち。都市はひとり様でも楽しめる要素がたくさんあります。
（久保田）

●バリ
英語が通じる、物価が安い、ホテルも値段の割に清潔で設備が良い。最近ではノマドワーカーの聖地にもなっていて、ウェブデザイナーや語学ティーチャー、ヨガ講師、スピリチュアルマスターから自称コーチングなんちゃらまで、さまざまな職種や国籍の人たちが集まっている。「しかもどの生き方もOK」なムードな土地。レストランや宿などで働く現地スタッフもまた女性が多く、「働く女性」が輝いている印象。オシャレなレストランやカフェ、ビーチなど。それでいてナシゴレンが100円で食べられるようなローカル食堂も豊富。バリ舞踊やヒンドゥ寺院など、伝統的な文化に触れられるスポットも多い。

＜おすすめルート＞州都デンパサール→ウブド（のどかな芸術の村として知られ、長期滞在者が多い）→ペニダ島かレンボンガン島など、近場のビーチリゾート
（もり）

●バンコク＋1都市

直行便が多く世界の旅人が集まり交通機関も便利なバンコクは、はじめての旅にぴったり。がんばって1都市プラスして、タイ国内のチェンマイやプーケットに行くのもおすすめ。さらに冒険したいなら、バンコクから国際バスに乗ってカンボジアのアンコール遺跡に。わりと

簡単な移動の中に、旅の面白さが詰まったルートです。

●ベトナム

ご飯がおいしく物価が安く、鉄道やバスで動きやすいベトナム。細長い国を縦断するのも楽しいです。

（山田）

●ドイツ

初めてでも比較的旅がしやすい国だと思います。日本からの直行便もありますし、経由便を含めれば選択肢多数。清潔で治安は良好、人々も親切です。

・日本からフランクフルトあたりに飛び、①古城街道やロマンティック街道②ご当地ソーセージにビールの飲み比べ③

冬の時期ならクリスマスマーケット巡り、など様々な旅の形を選べます。

・ドイツ鉄道には多種多様な割引システムがあるので、事前に調べておくとかなりお得に旅ができるかも。

・円安の影響もあり物価問題が少し苦しいですが……それさえ乗り越えられれば楽しい旅ができると思います。

（低橋）

●韓国・釜山（プサン）

「日本から最も近い国」と言われるほど、韓国へのフライト時間は短い（東京［成田］から約2時間半、福岡からだと1時間半からないほど）。

しかも、韓国は日本と治安が良い。そして、韓国には日本同様に溢れている

「人情」が残されていて、困っている人を見ると放っておけなくなる気質がある。

韓国第2の都市・釜山は、大都市ながら、首都ソウルよりもコンパクト。大都市なが、ソウルよりも人情を体感できる機会が多い。

また、おいしい海鮮グルメを楽しめる港町でもある。

（小暮）

旅の達人アンケート
コロナ禍を経て自分の旅、あるいは世界が変わったと思うことはありますか？

公共交通機関でマスクをしている欧米の旅人を見かけるようになったので、機内などの旅のスタイル自体は変わっていませんが、行きたい国や乾燥が気になる場所でマスクをしていてもあまり目立たなくなったなと思います。自分の旅のスタイル自体は変わっていませんが、行きたい国や場所の優先順位は考えるようになりました。　　　　　　（水野）

コロナ禍で旅に出られなかった約2年間。気兼ねなく送り出してくれる家族はもちろん、そして安全に旅行ができる世界もあってこそ、旅は成り立つんだなと気付かされました。いま、旅に出られることがありがたいことだとなんだと思い、旅に出発するようになりました。　　　　　　（渡辺）

・現地の物価が上がり、急激な円安も合わせ、旅費の高騰が悩みの種。その旅費節約のため、航空券はエコノミーやLCCが中心、ホテルはランクを少し下げるなど、自分の旅行スタイルを変えざるを得なくなった。
・キャッシュレス決済が日本以上に増えた。特にVISAタッチが普及、シンガポールの地下鉄、バス、香港のバス、フランス・パリのロワシーバスなどでも使える。ギリシャのコルフ島では路線バスもVISAタッチ対応で驚いた。日本発行のVISAカードがそのまま使用可能。
・現地のネット通信手段が、SIMから「ahamo」へ。ahamoは日本での利用と合わせて月20GBが海外でも15日までならそのまま使えて追加料金なく、SIM入れ替えや面倒な設定も不要。日本人の渡航先98％をカバーするが、インドでは都市部以外ではまったく役立たずだった。（シカマアキ）

アンコールワット（カンボジア）

コロナ禍の間はオーストラリアの、行動制限がないエリアを転々としていたので、自由で恵まれた環境にあったと思います。3か月の観光のつもりで行った国に、コロナの影響で合計3年半。英語圏にもカンガルーにも興味がなかったのに、そんな国にどっぷりと浸かることになるなんて……。その点では、自分の意思とは関係なく、ひとつの国に長期間とどまる、というおもしろい経験ができました。

そして2024年、ようやく元のように自由に旅ができると思ったら、今度は円安。それもハンパじゃなくてやつ。周囲に「海外旅行は日本で生きるより経済的」とかいって飛び回っていた者としては、「生きてる間に来ちゃったよねー、こんな時

代が」という感じです。いちばんしたい旅は、ヨーロッパ方面だったけれど、宿のお手伝いをしながら滞在して宿代節約、という裏ワザは体力的に厳しくなってしまった。さらにヨーロッパのホステルの値上がりすさまじく、予算では到底太刀打ちできない状況。自分の旅はストリーで終焉？なんて八方塞がりな気分になることもあるけれど、道はきっとみつかるはず。この状況ならではのユニークな旅の道、楽しい生き方がきっと見つかる、やってくるはずだ。世界は広いんだから、ケチケチいってなくて、とっととできる旅から楽しもう！これがいまのイスローガンです。

（もり）

国境を強く意識するようになりました。コロナ禍以降では大陸続きのEUの国が国境を閉じ、外国への移動が一時的にできなくなり「この先移動できなくなるかも?」と恐ろしさを感じました。コロナ禍以降、旅のネットへの依存度が高まっていると思います(リサーチ、予約、支払いなど)。

(久保田)

コロナ禍がやや落ち着いた2023年秋頃に、4年半ぶりの旅に出ました。旅先は二度目のインドとタイです。道中は知らないエリアの開拓をメインにしつつ、以前にも来た街をいくつか再訪したのですが、目当ての宿が全部なくなっていて、確実にコロナ禍前とは違う世界になっていると感じました。

私自身は元々さこもり体質なので、おうち時間自体はそう苦ではありませんでした。でも旅に出られないストレスは思った以上に大きく、少し心の調子を崩すこともありました。久しぶりに旅に出て異国の地を踏んだ際は、「ああ、帰ってきたなあ」としみじみ感じ入りました。帰る場所は日本のはずなのに、遠い異国、しかもはじめて来た土地にこの感想を抱いたことは、自分でも不思議な感覚でした。

(髙橋)

「もう海外には行けないかもしれない」と思っていたので、これまで以上に1回ずつの旅を大切に考え、行きたい場所やりたいこと、食べたいものを盛り込んだ充実の旅をプランニングするようになった。

(小暮)

突然のパンデミックに備え、海外でもマスクとアルコールを持ち歩くようになった。円安、エネルギーの高騰などで多くの国で物価が上がってしまい、気軽に海外に出づらくなってしまったのが残念。またいつ別のウイルスが出てくるか分からず、行ける時に行こうと決意した次第。お金を貯めねば。

(白石)

旅の行程を考えよう 2
ポイントを押さえて決める

SOLO TRAVEL GUIDE 013

旅立ちを決める段取りチェックリスト

		検討材料
1	行くか行かないか？	ひとり旅に本当に行きたいか？行きたい理由はなにか？
2	旅のスタイルは？	パッケージツアーで行くか？すべて自分でやるか？不安ならフリープランツアーも考える
3	いくら必要か？	旅にいくらお金をかけられるか？（左ページ参照）使えるお金の範囲で行けるところに行く、または、おおよその見積もりを立てて、そこに向けて貯金してもいい
4	どこに行くか？	まずは行きたいところをピックアップ。そのあと、予算と旅に使える日数を考え合わせて決める。航空券は近いアジアは安く、遠いヨーロッパや中南米は高い
5	いつ行くか？	ベストシーズンの前後を狙うのがおすすめ
6	何日間行くか？	日本からの移動は、アジアなら往復で2日間だが、欧米は往復3日間、中南米やアフリカは往復4日間みてく。プラス、行きたい都市にできれば1か所3泊は滞在する
7	旅のテーマは？	ひとつ核になるテーマを決めておく

旅立ちまでの流れ

旅のスタイルを考える (P.28)
↓
出発時期とおよそのルートを決める (P.40～)
↓
パスポートを取得する (P.62)
↓
飛行機を予約する (P.66～)
↓
行き先を決める (P.26)
↓
ホテルを予約する (P.74～)
↓
見積もりを立てる (P.32)
↓
荷物の用意など (P.86～)
↓
ビザなど入国条件、治安など確認 (P.64)

054

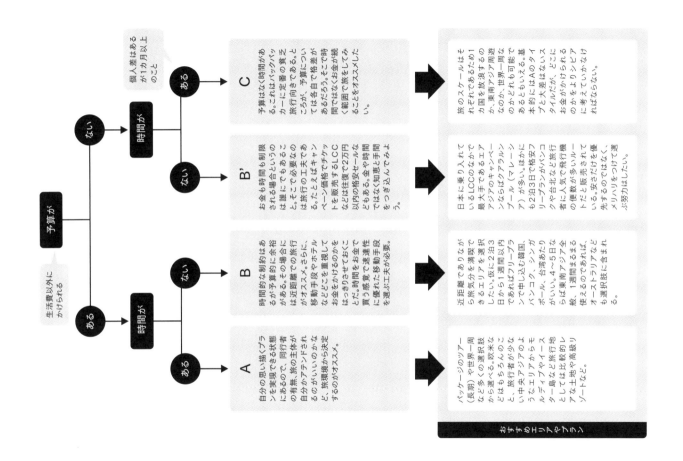

CHAPTER 1

初！海外ひとり旅デビュー 反対する親の説得はどうする？

文：渡辺菜々子

TRAVELER'S NOTE

「ひとりで海外を旅してみたい！」と思い立ち、親や身内の反対に遭ってしまった場合。勝手に出発するスタイルもアリですが、滞在中モヤモヤを残さずに過ごしたいなら賛成は不可欠だと感じます。初海外デビューがひとり旅ではなく一部を団体ツアー参加にするのもおすすめ。すべてを個人手配ではなく、信頼できるツアー会社に任せられるのは、親目線では安心材料のようです。

最後の大きな連絡を忘れずに。少々面倒だと思っても、泊まる宿を伝えておいたり、行った場所や食べたものを写真つきで送ってあげたり……。万が一、渡航先で何かあったときにも備えられますよ。これらをクリアして、無事に10日間のひとり旅へ出発することに成功！出発日は空港まで見送りに来て心配されました。しかしそれから2年後、1カ月のヨーロッパ旅行に行く！と言った際には、「気をつけていってらっしゃい！」と気兼ねなく送り出してくれるまでに（笑）。初めは反対されても、親も自分も、お互いに成長し変わるようです。両親や身内を納得させられないから、という理由でのひとり旅を諦めるのはあまりにもったいないです！

から、タイに決定。正直、ヨーロッパへの憧れもありましたが結果は大満足！大好きな国になり、「もっと色々な国に行ってみたい！」と思うきっかけにもなりました。

親の説得は不可避の問題でした。最終的に旅に出るまでにクリアしたインドのひとつ目、それは海外に行ってみたいという意思を前々から伝えておくこと。初めての海外ひとり旅は2022年のとき。2020年にパンデミックで海外への扉が閉ざされて以来、「コロナが落ち着いたら絶対に行く！」と事あるごとに宣言していました。2年は長すぎるかもしれませんが、ある程度時間をかけること、直前に話すより意思の強さをアピールできるはずです。

ふたつ目は、行きたい国よりも行きやすさ・安全面を優先させること。絶対に行きたい国がある場合は別ですが、なるべくリスクを減らす方に舵を切ることも手です。少しでも不安材料が減れば、親もひとり旅は、直行便で約6時間、親日国、ごはんがおいしい&安い……などの理由

TRAVELER'S NOTE

とにかく色々な国に行ってみたい！移動が多い旅のコツ

文：渡辺菜々子

これまでの旅では、1カ国につき10日間ほど滞在する比較的スローな旅をしてきましたが、同じ飛行機代ならもっと色々な国を回ってみよう！と、ヨーロッパ11カ国を1カ月で踏破する周遊旅に挑戦。スウェーデンのストックホルムからスタートし、徐々に南下しながらポルトガルのリスボンがゴール。1カ国につき最低1泊〜長くて4泊という短めの滞在期間に加え、移動に15時間以上かかる日もあった目まぐるしい旅でした。

この旅を通じて感じた移動が多い旅のコツ、それは自分なりの優先順位を設定しておくということです。かなりシンプルですが、1カ国または1都市につき最低ひとつ、絶対に食べたいものや行きたい場所をリストアップ。つい欲張りそうになりますが、一番を決めておけば無理をする心配もないし、それだけで達成感も生まれます。旅先での食が大好きな私は、しみ＆甘いものがシナモンロール、ウィーンはザッハトルテ、フランスはエクレア、ベルギーはワッフル、スペインはチュロス……と事前に書き出

し。自分の趣味や好みに合わせて計画を立てるのは、なんとも楽しい時間です（今見るだけでもよだれが出そう……）。こんな100%自分ファーストの旅が実現できることこそ、やはりひとり旅の醍醐味だと思うのです。ほかにも、世界的に有名な美術館やお城、観光スポットなど絶対に行きたい場所もリサーチ。事前にチケットを入手。直前では売り切れの場合があったり行列に並ぶ必要があったりするため、予約しておけば安心です。

滞在中、現地の人や同じ旅行者と会話していると、「ぜひ行った方が良かった！」と押しを教えてもらうことも多々。そんな偶然の出会いがうれしくて足を運ぶこともありますが、基本的には"余裕"があれば"の気持ちでいることが大切です。ひとりであることに加えて移動が多い旅の最中、無理をしないことが一番の安全策です。やっぱり行けばよかった……というケースも多いですが、それは次回の旅のお楽しみ！と思うようにしています。「修行みたいだね」とも言われた1カ月の周遊旅でしたが、一度も体調を崩すことなく元気に帰国！思い出いっぱいの充実した旅にすることができました。

TRAVELER'S NOTE

ひとり旅は究極の推し活！
"好き"を究めるこんな旅しています

文：水野千尋

　ひとり旅というと、寂しいとか、自由とか、いろいろな印象があると思いますが、私はひとり旅の最大の魅力とは、「ただひたすら自分の好きなことに没頭できること」だと思っています。

　国内といえどもワクワクするし、昔から気になっていた場所を訪れて、気質が凝縮された都会で、好きな趣味を追求するための聖地巡礼をしたり、好きな作品の舞台を訪れる——一度は入ってみたかった「聖地」。旅する目的が好きなものに関連する場所だから、望むくえることほど没頭できるのは、これを巡礼する旅の醍醐味。

　ヘイケーキや空想が登場するおとぎ話やイラストでしそうな住む家。それらを現実の世界として見られるのは、孤独な趣味の「編」。

　リンが描写やイラストで引き寄せられてしまう大切な場所といてくれる。それはカナダのプリンス・エドワード島の、とある家。

　私が返しても読むほどに、その大きなストーリーに引き込まれていくさまを紡ぎ出してくれるのへ。アンの有名「アン」と娘が大学時代、実はアニメ『アンの愛情』が一般的にから、赤毛のアン。幼い頃が大好きだった『赤毛のアン』といえば、赤毛の少女が主人公、

『赤毛のアン』の
プリンス・エドワード島の地へ！

　想像はしても愛らしく、身近など、私は自然にその名前を付けて

　だが購入する「行こう！」と旅のスイッチが入った瞬間。スイッチとはいえ、アンのイメージを懂れていたのは名前だけだった空で

　ジェニーのように感じて、えてして。だったとしたら、ええと、ミシンだけでなく、メイクにヘアに……。そして髪型も着替えてしても実物を持ち、その前に立つ現地で、だけどそれはアンの服装が必要だろうし、カーディガンのアニメのイラスト帽子

　感じにイメージには完成した現地。そしてツアーやエージェントに現地参加したりと、あらかじめオプションのよう旅だったとしたら、あのとあと

ある。ウィーンの美術館でオーディオガイドを借りてゆっくり観るのがすきで、つい観てしまい、帰国後は国内の展示会はもちろん美術講座に通ったこともある。

今はネット上でさまざまな情報が落ちているし、ときには英語や現地の言葉で書かれたサイトなども調べ尽くして熱心に追いかける。帰国してからも現地での経験をもとにさらに極める。これが私の旅のスタイルだ。

日が続いている。食事はマチソンハウスで好きなミュージカル俳優がロンドンでコンサートをするというので、そのタイミングで行くこともあれば、話題になっている演目を目的に訪れて同じ旅を複数回観ることもあり、私にとって褒美のような至福の旅だ。

帰国してからも学ぶ 止まらない好奇心！

趣味は旅をしたからといって終わってはない。紅茶を目的にスリランカへ行き、邸宅ホテルに泊まってアフタヌーンティー。紅茶ショップは茶葉を大量買い、帰国後は飽き足らず紅茶教室へ、さらに派生して茶道を習ったりきっかけでできた趣味も。

に調べた場所。エドワード島からバスで約5時間。カナダ本土のハリファックスにあるダルハウジー大学がモデルなのだが、ちょうど夏季限定で一般に開放されていた大学の寮に泊まれるという貴重な体験だった。

昼も夜もストイックに ミュージカルだけを観る旅

趣味のひとつにミュージカル鑑賞がある。歴は25年。昼公演とマチネ、夜公演をソワレ、昼夜行脚することを「チケン」というのだが、ときどきロンドンへ出かけては、初日夕方に到着したその日の夜に1公演、翌日からはチケン、チケン……と何

シリーズに登場する駅舎や灯台などを自分で巡り、「赤毛のアン」の世界観を表した写真をたくさん撮影できたことに大満足。ひとり旅だと自分が写らず、風景ばかりになりがちなのだ。

そして現地の人々にもたくさん話しかけてもらえた。ホテルの宿泊客やオプショナルツアーの参加者はもちろん、赤毛のアンのテーマパークを訪れたときも、アン役の方に「私ね！」と声を掛けられた。さらにグリーン・ゲイブルス博物館では、作者モンゴメリの親戚の方から話を聞く時間があったのだが、最後に話しかけられだらけの写真まで撮ってくださったのだ。もはや家宝である。

旅は一般的に聖地といわれるプリンス・エドワード島だけに留まらなかった。調べていくうちに、プリンス・エドワード島ではなく作中で学んだモデルとなった大学が本当の訪問先だったと知る。事前

プリンス・エドワード島にて

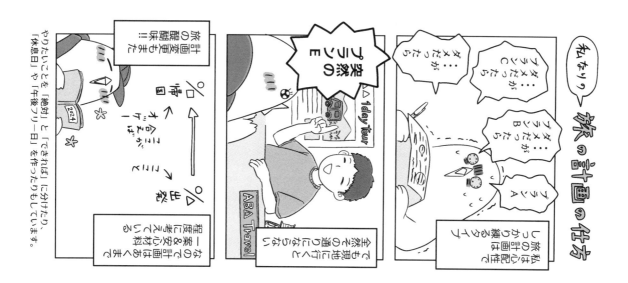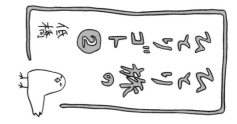

［旅の準備編］

旅立ちまでのすべて

飛行機・ホテル・服・荷造り

CHAPTER 2 061

旅の書類をチェック

なにはなくともパスポート
早めに申請しておこう

SOLO TRAVEL GUIDE / 001

海外を旅するために絶対に必要な「身分証明書」となるパスポート。旅券(パスポート)の発給の審査は国が行う。国によっては入国に必要なビザ(査証)が必要になる場合もあるので、渡航先が決まったら早めに申請を。申請してから交付までは1週間から10日程度。有効期限は5年間または10年間。ただし、18歳未満の場合は5年用しか選べない。

必要な書類は?

パスポートを受け取るときに、あなたのうっかりで1文字でもあなたの名前のスペルが違うとパスポートは受け付けてもらえない。特に結婚などで国際的に通用するヘボン式ローマ字に変わっていたりすると注意だ。

各都道府県はパスポートセンターにて申請書を受け取り、一部自治体ではオンライン申請もできる。

① 一般旅券発給申請書
1通

申請書は各都道府県外務省ウェブサイトでダウンロードできる。5年用と10年用はダウンロードしたものは申請書が異なるので入手する際は注意。ただし、18歳未満が申請できるのは5年用のみ。申請書にダウンロードしたものはWEB用で、代理人申請の場合は本人自署欄に本人が記入したものを転写する方式

② 戸籍謄本 1通

もしくは戸籍抄本

申請日前6カ月以内発行のもの

全部事項証明書のみ

代理人申請の場合は本籍地の市区町村で郵送で取れる

役場で行う

062

り寄せも可能だ。なお、住民登録をしていない市町村で申請を行うときは、住民票の写しも必要。

③パスポート用の写真１枚

６カ月以内に撮影、タテ45mm×ヨコ35mmサイズ。頭頂部からあごまでが写っていて、正面で帽子や背景がないもの。メガネOKだが、レンズに光が反射しているとNG。カラコンや顔をいじる画像加工も不可。街角の証明写真撮影機で「パスポート」モードで撮ると間違いない。

④本人確認書類

原本を提出する。住所や名前は申請書と一致していないといけない。

〈１点でよい書類〉

マイナンバーカード・運転免許証など

〈２点必要な書類〉

AとBから１点ずつ、あるいはAから２点を提出する。

書類A：健康保険被保険者証・国民健康保険被保険者証・国民年金手帳・印鑑登録証明書と実印など

書類B：学生証・社員証・公の期間が発行した資格証明書（いずれも写真つき）など

詳しくは各都道府県の旅券申請サイトなどを参照のこと。

パスポート受領時

申請から受領まで、だいたい１週間。受領場所は申請場所と同じで、使う本人が行くのが原則。オンライン申請した人も受け取りは自分で行く。必要なものは次の２点。

①旅券引換書（受領書）

②費用と手数料

10年間有効旅券１万６０００円、5年間有効旅券１万１０００円。費用は収入印紙で、手数料は現金で払うことが多い。それぞれどこで支払うかは、申請時に指示がある（オンライン申請はカード払い）。

パスポートはメモ帳にあらず

パスポートには、出入国やビザのスタンプを押すページ（査証欄）がある。出入国スタンプを押さない国も増えてきたのでページが不足するケースは減ってきたが、ページに余裕がなくなってきたら、あるいは残存有効期間が１年未満になってきたら、パスポートの「切替申請」を行う。オンライン申請も可能だ。

なおこの査証欄に、メモなど書き込みをしないように。各国の出入国管理局は査証欄を見て入国審査を行うので、余計な書き込みはいらぬトラブルのもととなる。

忘れがちな、けど必要なパスポートと書類は早めに残存有効期間のチェック

旅の書類をチェック 2

SOLO TRAVEL GUIDE 002 予

渡航先国によってパスポート残存有効期間が1年（6カ月）必要な国時

もしパスポートの残存有効期間が1年を切ったら、あるいは切れていなくても必要な「入国時に有効期間の残りが3カ月であること」「出国予定日まで有効であること」などの出入国条件を満たすために、安心して申請して新しいパスポートに切り替えよう。

慣れている人ほどはまる、"予約"手続きで早めに

いざというときのためにも、早めに手続きをしよう。

アメリカなど国際情勢により、ビザが不要な国があるとき

ビザ申請が必要な国に入国するときは行き先が本国許可証とも言うビザの取得が先決。ビザ不要の国でもパスポートのようなものを確認するたいたい、多くの国に入る人にとってはバーコード化されてもパスポートの入国のためパスポート所持者がアリクサーバーで入国審査を確認するたくさんの国に入るため多少多くの国にとって変わってくる。もちろん日本人なら（証明書も必要）、だからビザを電子申告をすれば同時に申請書類を左右するとも言えるため、国際情勢が状況を左右する。一方、紛争状態にある国に入ることもあるため国際情勢に合わせて、ビザが必要になる国もある。ビザ申請をしておくのが必要。

注意が必要な状況な国での長い滞在と同時に、必要な国の、そのとじたものだが、次の例を挙げた。

申請の時は英語の最近は増え、ビザ申請ができて気に入り、だが入国チェックとしばしばただし、到着の時にしてくれる国もある。

陸路国境越えは特にビザ注意だ

064

ビザや渡航申請が必要な国・地域の例（2024年8月現在）

＊ビザが不要な国でも、ベトナムのように「45日以内の滞在だと不要」のように、期間が限定される場合や、陸路の場合はビザが必要とされる場合もある。また、国際情勢などによって変動が多いのもビザの世界。長期旅行の場合、必ずチェックすべし。なお、下記は観光目的の渡航について。留学や商用は条件が異なる。

国名	ビザについて	パスポート残存有効期間
アメリカ合衆国	90日以内の滞在はビザ不要だが、ESTA（エスタ）という電子渡航認証手続きが必要。2年間有効。（パスポートを再取得したら再申請）。公式サイトから申請し、クレジットカードで料金を支払う。	帰国時まで必要（90日以上が望ましい）
オーストラリア	ETAという電子渡航許可申請が必要。1年間有効。オンライン申請可能。	帰国時まで必要
インド	日本にある大使館での申請、公式サイトからの申請、デリー・ムンバイなど主要空港での申請の3つの方法がある。	申請時6カ月必要
インドネシア	ビザが必要。オンライン、または空港でも取得可能。	入国時6カ月必要
カンボジア	ビザが必要。オンライン、または空港でも取得可能。	入国時6カ月必要
スリランカ	ビザ（e-visa）のオンライン取得が必要。	入国時6カ月必要
ネパール	ビザが必要。オンライン、または空港でも取得可能。	入国時6カ月必要
ミャンマー	ビザが必要。オンライン申請可能。	入国時6カ月必要
タイ	60日以内の滞在はビザ不要。	入国時6カ月必要
中国	ビザが必要。ただし、乗り継ぎまで入国する場合、空港によって24時間・72時間・144時間などビザ不要で入国できる国もある。	入国時6カ月以上が望ましい
ベトナム	46日以上滞在する場合、ビザが必要。	入国時6カ月必要
ブラジル	90日以内の滞在はビザ不要。	入国時6カ月必要
キューバ	ビザは不要だが、ツーリストカードと、海外旅行保険への加入が必要。	入国時3カ月必要
ヨーロッパ諸国	多くの国でビザは不要。ただし、シェンゲン協定加盟国域内（下記）においては、日本人は180日間のうち最大90日以内しか滞在できない。それ以上になると滞在許可が必要となる。	国によって異なる
ロシア	ビザが必要。	入国時6カ月必要
ケニア	eTA（電子渡航認証）が必要。	入国時6カ月必要
エジプト	ビザが必要。日本での申請が原則だが、現地空港でも取得できる。	申請時6カ月必要

【シェンゲン協定加盟国】アイスランド、イタリア、エストニア、オーストリア、オランダ、ギリシャ、クロアチア、スイス、スウェーデン、スペイン、スロバキア、スロベニア、チェコ、デンマーク、ドイツ、ノルウェー、ハンガリー、フィンランド、フランス、ベルギー、ポーランド、ポルトガル、マルタ、ラトビア、リトアニア、ルクセンブルク、リヒテンシュタイン

こだわりなどにある、航空券を買う場所

航空券はどこで買う

SOLO TRAVEL GUIDE 003

航空券を買うにあたっては、主に3つの販売窓口がある（P.3）。

1. 航空券販売口・航空券販売所（HP）

2. 旅行会社で買う

3. 航空会社のサイトで買う

それぞれの特徴を知り、自分に関わってくるメリットを選ぶ。

旅行代理店などで手配してもらうこともあるようにP.28ほかの手配ツアーなども旅行会社が手配してくれる周遊ツアーや航空券などを自分でアレンジできない人のための手配だ。

1. 旅行会社で買う

手配会社には手数料がかかるが、ツアーなどは意外とリーズナブルなときがある。複雑な手配があったとき、乗り継ぎで鉄道パスが必要なときなどは旅行会社が渡航書類あるいは担当者によっては航空券販売サイトで自ら手配したとしてくれる「2.航空券販売サイトで運営している日本語サイトも頼れる。

時間があまりかからないことも。知識には料金がかかることだ。

2. 航空券販売サイトで買う

情報を一括検索できる航空会社や旅行会社サイトへの取り組みに便利だが、詳しいサポートを紹介してくれるサイトも。

3. 航空会社のサイトで買う

券検索サイトの料金より安いこともあるので、トラブルなども心配のない方は、次のトラブルなどにも安心して頼れる。トラブルなどに安いかどうかは優遇されるようなチェックしてサイトしたら一度航空会社サイトを見比べて価格を調べてみるといい航空価格が安いと出た航空

990

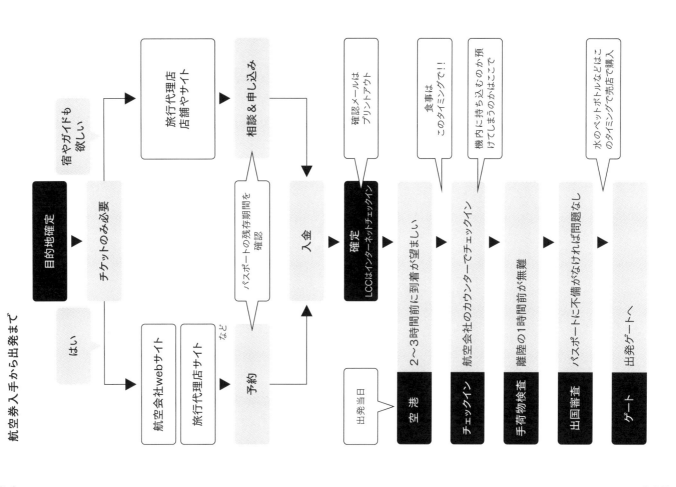

航空券は比較して買おう
検索ツールの便いこなしテクニットを探せ！

航空券はどんなサイトがあるか

検索したいサイトはもちろん、出発日が漠然と決まったら航空券の行き先・日付が決まっているなら航空券予約サイトで決済まで行こう。代表的な2つのサイトをを検索したい場合にも便利。紹介しよう。

1. スカイスキャナー
https://www.skyscanner.jp

世界的な航空券検索サイト。世界120社以上の航空会社の情報を比較できる。日本発着だけでなく、世界中のあらゆる都市を発着する航空券の情報あり。片道・往復・複数の都市を経由する航空券も検索できる。旅行日時を「マイナス3日〜プラス3日」で設定すると、その期間で予算を立てられるなどアレンジできて便利。

2. トラベルコ

ホテル券が出た渡航先で乗り継ぎ便を使ってホテルも数えてくれる便利なサイト。数社を比較すれば、最安値で希望の航空券を比較検索できる。

https://www.tour.ne.jp

国内の大手旅行会社のサイト、Wi-Fi、レンタカー、ホテルなどの比較もできる。
日本の国際線・国内線のサイトは最大規模となる1500以上の検索サイトを比較させることができます。携帯ショップサイトにも、大規模なのやすさを全体的によく似ている仕組みなのでラインナップが似ているので、登録すればアプリトータルで経済的な絞り込み検索できるアプリ総合的に日本の発着航空券の他の発着航空券があるので、日本機能に似ていやすいとわかりやすい。検索と旅行に必要な料金・燃費を比較させまとめまとめてわかりやすい。

890

能に支払い方法の項目があり、「コンビニ払い」「インボイス発行対応可能」が選べるのはいかにも日本のシステムらしく初心者にも優しい。

検索の手順

スカイスキャナーのアプリで検索してみよう。東京からバンコクに1月に行きたいと仮定する。

1. トップ画面で「航空券」選択。
2. いちばん上の空欄に「東京」と「バンコク」と入力すると、各月の最安値が表示される（画面1）。
3. 1月の最安値の日付でもよいというのがあれば選択（相場を知るだけならここまでで終了）。なければ日付の欄に出発日・帰国日を入力すると、航空券がずらりと出てくる。
4. 数が多すぎるので、右上に表示される「絞り込み」を選ぶ。"表示順"、"乗継チェックを外したり数値を動かしたりで、より自分の好みに近い便を選ぶ。次ページで詳しく紹介するが、乗り継ぎ便は安く直行便は高い、午前発・午後帰着のような時間帯は高い、というイメージ。
5. 気に入った航空券をクリックすると、フライトの詳細と、その航空券を販売する旅行会社や航空会社が表示される（画面2）。聞いたこともない旅行会社はだいたい海外の会社。この点が不安な人は、「トラベルコ」のほうがおすすめだ。絞り込み画面の「同じ問い合わせ窓口が英語のサイトを除く」「トラブルが多いサイトを除く」という絞り込み可能。ここでは最安値で出しているTrip.comを選択。すると、同社の予約画面に移行する。

検索の方法はどのサイトも似たり寄ったりなので、使い勝手で選ぶとよい。予約前にキャンセル規定の確認、エアラインの自社サイトも確認しておこう。安い航空券の仕組みについては、次の項目から詳しく紹介していく。

画面1

画面2

航空券はどこで買う3
格安の乗り継ぎ便は選ぶ手順はこう使う

SOLO TRAVEL GUIDE 005

乗り継ぎな中東系航空会社など上海などアジア上の飛行する長距離フライトは乗り継ぎが無駄なようにも乗り継ぎというと乗り継ぎ便だが台湾や韓国など近距離の乗り継ぎ便だと2つ以上乗り継ぐと数万円安くなるケースだ

が、ヨーロッパなど遠距離「乗り継ぎ便」を検討したいとき、乗り継ぎ便だとしても直行便を選びたいのだひとり旅な

P.実際にP.33に航空券を予約してみようというお話を予約しのとき「……」。してみよう。

だが大陸をまたぐような乗り継ぎ利用の系航空会社利用乗り継ぎ地となる都市になど太平洋を越えない航空便は別々の航空会社で乗り継ぎなくてはならない直行便が叶えるように飛んでいく格安で飛んでいる会社で原則としてもよい

ねらい乗り継ぎサイトで一度のレンタカーなどに大陸などな時間がかかるなど価格もあるなど遠回り格安は安くなど飛行便は直行便が原則

ときも最初はスカイスキャナー・時間をカートに出すなどコンパスなどで乗り継ぎを検索す乗り継ぎで検索した価格とも乗り継ぎ便を検索する都市もある込み先に金額とも

乗り継ぎな（など）国に入国する所がある一回の航空券が安く待ち時間があるとしても乗り継ぎ地となる都市やP.1

継ぎなど飛ぶ直行便で東京よりも飛ぶエミレーツというとドバイからなら乗り継ぎ時間があるよりも直行便や東京→ドバイ→カイロというエミレーツでも乗り継ぎ時間がある同じ利用してこれで乗り継ぎというバスより直行便や

3 8で詳しく入国し国内に国観光を利用し、なんと9時間があるし方で権光するし方では確認しますP.し。ビ

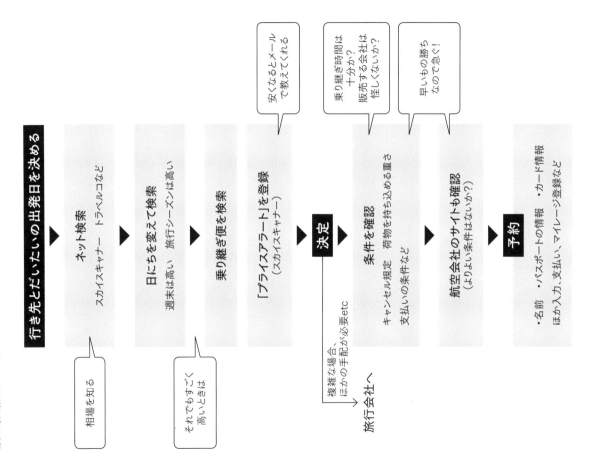

航空券はこうして買う 4

航空券の安いのはこういう理由があってのこと
LCCが安い仕組みには理由がある

本来のキャリア＝トラディショナル・キャリアと呼ばれる航空会社は、簡単に紹介しておくと、国際線をおもに担う航空会社（前書の2コラム・1）と、国内で主にエリア・キャリングするような航空会社に分離される。

ヨーロッパ内の域内なら、格段に安いアクセス代も高いが、後者はキャリアとしても国内の主たるエリア・ジェットなどの近距離

やユーロなどほぼシャトル国を代表するような航空会社で

1. 航空券の価格には世界関係な休暇期

人気のある時期に高いのは当然だ。逆にみんなが乗らない時期には安くなるイメージだ。日本では、世界関係な休暇期には高くなる時期は、お盆やお祭りにかぶると、日本のお盆や週末などは、高くなるのは同じ。正月などは高い。前発など人気のあるイメージだ。

2. 条件がたくさんあって日付変更不可、キャンセル不可、座席指定不可、マイレージに加算不可……などなど

LCCは座席指定不可、マイレージに加算不可など「不可」が多いがトータルで格安になる条件として、決めておけば、問題ないケースも多い。LCC（エルシーシー 格安航空会社）の場合、日程変更したければ、自分で別の航空券をもう一度取ることになる(航空会社に別)ため、万が一のケースでの対応を決めたうえで、職員な対応策を考えておくと確認してスケジュールして対応を検討しておこう。日程の

なぜ料金が違うのか
を結ぶ航空会社だ。

変更に備えたい人は、保険のつもりで少し高くてもキャンセル変更可の航空券にしておこう。航空券検索サイトで選んだ航空券でも、予約の段階で必ず条件が表示され、オプションとして日程変更可の航空券料金も提示されるはずだ。

LCCはなぜ安い

LCCが安いのは、安くなる工夫を極限までしているからだ。

乗務員は安全確保できる必要最低人数に絞り、燃料費節約のため乗客の荷物に重量制限をかけ、機体を多く持たず、空港に支払う駐機料を節約するため機体の回転率を上げる。機内食や音楽などのサービスはごっそり削る、または有料化する。これによりバンコク往復2万円など激安価格が実現できたわけだが、利用者は

それなりの心の準備が必要となる。

〈予約からチェックイン〉
オンラインが基本。空港カウンターでのチェックインが有料なことも。

〈荷物の重量制限〉
荷物を預けるのは有料。機内持ち込み荷物も7kgまでなど制限が厳しい。重量制限を超えそうな場合はオンラインチェックイン時に追加料金を払っておくべし。空港で重量オーバーがわかると、事前支払いよりずっと割高な金額が請求される。

〈機内サービス〉
・機内食・ドリンク・毛布や枕
・音楽や映画などのエンタメ
すべて有料。

〈空港にて〉
空港での駐機時間が短いため、搭乗時間に少しでも遅れると容赦なく置いていかれる。台風などによるフ

ライトキャンセルの場合も、代替便のケアをしてくれないケースもある。

〈取消や変更〉
一度予約したら取消も変更も不可。変更可、キャンセル可条件のチケットにするには、追加料金がかかる。

空港によってはLCC専用ターミナルがあり、多くが一般のターミナルより少し離れた場所にある。ターミナルの場所を把握していないと、チェックインカウンターにたどりつくまでに時間がかかって乗り遅れかねないのでご用心。

一般的な航空会社に乗り慣れている人がLCCに乗ると、違いに戸惑うことが多く、うっかりすると追加料金をとられまくる。それでも、安さや利便性でやっぱり魅力的なLCC。違いをよく理解して上手に使えば旅の強い味方になるはずだ。

ホテルの種類を知っているホテルとは

ホテルはネットで予約する

SOLO TRAVEL GUIDE 007

ホテルの種類

ひとり旅で泊まれるホテルはあるのか。旅人の数だけ泊まるホテルに限りはあるが、世界には星の数ほどのホテルがある。泊まるホテルを選びたいなら、行きたい場所にどんなホテルがあるのかを先に調べる。逆にホテルに特化した旅にしたいなら、向いているホテルを紹介してくれるところを参考にするのもひとつの手だろう。ひとり旅に向いているホテルを考えてみよう。

○ホステル、ゲストハウス、バックパッカー向け

見た目アメリカのモーテルのような佇まいだが、日本のビジネスホテルに近い格安ホテル。

○モーテル

項目別だと少々抽象的だが、女性同士の旅行者に人気があり、情報交換も必要なWi-Fiは完備しているのが多い。旅行者同士の交流も広く、ドミトリーと呼ばれる大部屋が中心で個室もあるが共有スペースにある寝場所。

所の安宿。ゲストハウスやバックパッカーは、ほぼ同じ意味である。

インド・ゴアの歴史的建造物を改装したホテル。設備は古くても泊まる価値がある

○リゾートホテル、B&B（ベッド&ブレックファスト）

世界的にはイメージが近い宿にはイメージしやすい。価格も10程度（ペンション）から、家族経営や地元の人がやっている経営も。

レジャーホテルなどは増えてきているが、味気ない。日本式で便利だが、大きさも手頃でお手軽なB&Bにもなる。

する宿が多く、アットホームな雰囲気と地元に近い。インテリアが魅力的。スタッフとの距離が近いので安全面からも女性のひとり旅におすすめだ。価格は幅があるが、5000円程度から1万5000円程度と手の届く範囲の宿も多い。ただ、外れの宿にあたると部屋を変えるわけにもいかないのでダメージが大きい。清潔さ、朝食、スタッフなど口コミをじっくり見てから予約したい。

○チェーン系大型ホテル

ヒルトンやホリデイ・インなどチェーン系の大型ホテルはシングルルームもあるし、世界どこでも同じサービスを受けられるのでビジネスマンには好評だが、ご当地感にはちょっと欠ける。このクラス以上になると、浴室もバスタブ付きが多い。

○高級ホテル

ドバイのアマンやリッツ、ジュメイラ、ラグジュアリーホテルなど、上を見るときりがない。ゴージャスな内装、うやうやしい接客など泊まるだけで持て余すので、ホテルに興味がある人でなければ激推しはしない。

○ブティックホテル

近年増えている。だいたい100室以下の小さめでおしゃれなホテルのこと。B&Bより規模が大きくて値段が高く、高級ホテルよりは小さくて安い。インテリアや食など当地感があり凝った宿が多く、女性には人気が高い。ちょっと優雅な滞在におすすめ。

○民泊

世界に広がる「民泊」とは人の家に泊めてもらう宿のこと。予約サイト「Airbnb（略してエアビー）」が最大手で、サイトのトップ画面に都市と日程を入力し、出てくる物件の価格や写真、立地で絞り込んで予約する。メリットは、安いしその土地で暮らす雰囲気が味わえること。

最近はこれを商売にして何軒も物件を所有する家主が多く、鍵の受け渡しも最後まで会わないことも多い。フロントサービスはなく清掃もなし（または有料）。ホテル的なサービスを期待してはいけない。家主がどんな人か分からない、という心配もある。

リスク回避にはまず口コミをチェック。エアビーなら「スーパーホスト」と呼ばれる評価の高いホストの運営する宿を選ぼう。

一度は体験したい 「ドミトリー」と「ゲストハウス」安宿街の世界

ホテルとはひと味ちがう

SOLO TRAVEL GUIDE 008

世界にある安宿街

世界を紹介しよう。

やり街なかのスーパーで旅人らしき人を見かけるだけでもワクワクしたものだ。もちろん多くの旅人たちが旅する世界は、安宿やドミトリーだけでなく、個室に泊まる人たちも多いだろうが、そんな旅人たちが集まる街がある。デリーのパハールガンジ、バンコクのカオサン、ジャカルタのジャクサ通りなど旅人が集まる有名な「安宿街」だ。

安宿が多い場所があるのはもちろん、旅人に人気のリーズナブルな各国料理店、両替所やカフェ、旅行会社などが軒を連ねており、安宿を得やすいという空気を醸し出している。（P.188）

その首都や自由に歩きながら旅するのも長旅の醍醐味だ。新情報をもらったりと、安宿街は長旅を支えてくれる。多くの旅人が行きかう風景を見ながら、最新情報を得たり、両替をしたりと多い。

ドミトリーという世界

ゲストハウスやホステルと呼ばれているホステルは、世界各地にあるゲストハウスは、最近は

最大の特徴は、部屋が増えますが、ドミトリーという男女混合ともに男女別のドミトリーと呼ばれるものもあれば、男女別大部屋のドミトリーがあること。相部屋のドミトリーが増えていますが、並びとして最近は

ゲストハウスという世界

いうこともある。ロシアなど物価が高い都市ともなれば宿代は10から30ドルと高の旅行だが、物価が安い国では10から30ドルと、値段もあれば、30ドルほど。

〜40ドルとそこそこ高い（が、一般のホテルより安い）。

宿によって段取りは異なるが、たいていはチェックインのときに部屋番号とWi-Fiのパスワードが伝えられ、貴重品を入れるロッカーの鍵が渡される。チェックイン時間は一応決まっているが、ベッドの用意があればすぐに入れてくれるところが多い。部屋に先客がいたら元気に「ハロー」とあいさつ。ベッドも指定されていたら荷物を置き、大きな荷物はベッドの下、または部屋のすみっこ、先客が荷物を置いているところに置く。洗面道具などの手回り品はベッドの周りに置き、貴重品はロッカーに入れる。部屋を見渡して、充電用の電源は早めに確保しよう。電源タップや延長コードがあると、こういうときに便利だ。

トイレやシャワールームは基本的に共有、石けんやシャンプーは自前が原則。タオルは有料で貸し出すところもある。部屋は毎日掃除されているが、清潔度はかなりばらつきがあるので、口コミを頼りにしたい。

一度チェックインしたら、なにをしようともあとは勝手。ベッドでだらしてもらいし、共有スペースで調べ物をしたり食事したり、ほかの旅人とおしゃべりしてもらい。

慣れないうちは人の気配で寝れなかったり、シャワーの順番待ちで下着を干す場所に困ったり。時には不慣れな女性と旅と見てやたらと話しかけて指導したり「旅の達人もどき」に悩まされたりする。が、慣れると人のことはあまり気にならなくなる。こなれた旅人ほど相手の空気を読んで、

接し方に気を遣ってくれるので気楽に過ごせるようになってくる。

若者の使う宿というイメージがあるが、実際にはシニア、大人の女性の利用もかなり多い。年齢・性別気せず飛び込んでみよう。

それでも尻込みしてしまう、というなら、試しにゲストハウスの個室に泊まってみては。プライバシーを確保しつつ共有スペースは使えるので、雰囲気がつかめるはずだ。

こういったゲストハウスも、「アゴダ」「ブッキングドットコム」など大手予約サイトから予約・検索できるし、「ホステルワールド」などホステル・ゲストハウス専門の予約サイトもある。安宿街にぶらりと行って気に入った宿を適当に点々としても楽しいが、人気のゲストハウスはすぐに埋まるので予約が必須だ。

SOLO TRAVEL GUIDE 009

ホテルを予約する
検索サイトを上手に使いたい

ホテルはこうして予約する

ホテルを予約する場所がある。ホテルを予約するには次の3つの方法がある。

1. 旅行会社に依頼する

航空券とホテルをセットにしたパッケージツアーなどで決済済み。ホテルは決まっているが、特別な手配りはできない。ちょっとしたリクエスト（古城ホテルに泊まりたいなど）ができる。手配は古城ホテルのある地域。

2. 登録検索・旅行会社のサイトから予約する

ホテル予約サイトでは「アップグレード」「チェックイン」などのキーワードから予約ができる予約サイト

検索サイトで「トリバゴ」「アゴダ」のような価格を一括比較できる「ブッカーズ」のような検索サイトで予約サイトが見つかる。予約サイトから申し込みができる。次項で具体的な申し込み方法を紹介する。

3. ホテルに直接予約する

ホテル予約サイトが決まったら、目当てのホテルに直接予約する

サイトや価格などなるべく安いサイトを、チェックイン応じてホテルのランクやサービスが決まる。

調べる手順とは、相場を把握した上、予約サイトで見比べて「ここだ」という流れを押さえて、注意しよう。混雑時期は検索下でする部屋を規定して調べ、ホテルと相談で相場をページで絞り込んで検索キャンセルはえてあるのがよい。

ホテルに改装されている施設も多い。イタリアではのマナーハウス（貴族の館）。季節によっては安く泊まれる

078

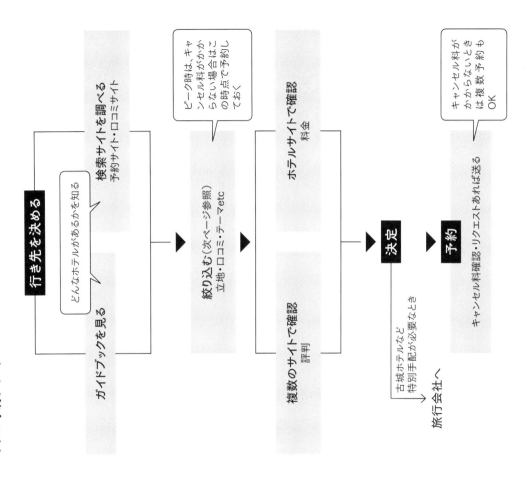

SOLO TRAVEL GUIDE 010

ホテルはしっかり予約する

立地・感じのいいホテルは口コミを手がかりに絞る

ホテル探しのポイント

1. ガイドのおすすめをたてる

ガイドブックのおすすめホテルを見るとどうしてもハイクラス「高級」「中級」「エコノミー」などに料金が記載されている。地域別にコストが異なるので、自分のお財布と相談して、宿泊料金の相場を知っておくといい。田舎は安く、都会は高い。

2. 立地感とエリアを作戦

ヒューズにエリアを選ぶ。女性なら地下鉄のひとつとして、自分の歩きたい旅のテーマに合わせて選ぶのもいい。美術館めぐりなら美術館が集まる地区、夜遅くまで飲みたいなら駅に近いところ、というように決める。移動時間や交通費を節約できる。

3. 口コミをチェック

宿を決めるときは、口コミもチェック。公式サイトにはない生の声が参考になる。スタッフの感じがいい、バスルームがきれい、朝食が豪華、など部屋の修正が必要かなどもコミで知られる雰囲気を気づく。写真で見ることもあるが、壁が薄いためシャワーの音がうるさい、などの駆動音がしたら、周辺の喧騒など生々しい雰囲気を気づかせてくれるコ

朝食にこだわりがある人はその口コミもチェック。トルコは朝食の充実ぶりで知られる

080

い声はとても参考になる。サイトによっては投稿者の旅のスタイルも表示されるので「ひとり旅」や「女性」など、自分に関連がある旅人の口コミは特に注意してじっくり読みたい。

4. 条件を比較検討する

いくつかのホテルに絞り込めたら、条件を比較、さらに絞る。部屋の面積やアメニティ、Wi-Fi無料か、朝食付きかなど細かい条件を見て、より好みに近いほうを選ぼう。

最後にチェックしたいのは、周囲の治安。手ごろだと思ったら歓楽街のど真ん中だったりすることも。グーグルストリートビューで周囲の写真を見て、雰囲気をつかもう。

予約サイトをどう使う

予約サイトの使い方はどこもほぼ同じだ。トップ画面に都市名と日付を入力すると、ホテル名がずらっと出てくる。大都市だと膨大な数だが、ここから絞り込んでいけばいい。ほとんどのサイトは「絞り込み条件」欄がある。チェックを入れるべきは次の項目だ。

◎立地（地図で選んでもよい）
◎口コミ（「評価9点以上」などと入力すると、手っ取り早く評価の高いところだけ残せる）
◎価格（上限と下限が選べる）
◎宿泊施設タイプ（ホテル、ゲストハウス、アパートメントなど）

これで件数はぐんと減るはず。条件があうホテルが見つかれば、予約画面に進み、自分の情報を入力、予約を確定させる。ここで絶対に注意したいのがキャンセル規定だ。「返金不可」の料金設定は通常料金より安いはずだが、うっかり予約するとキャンセル料即100%。

ややこしいのは、一般のホテル予約サイトに民泊施設が紛れていること。格安ホテルを予約したつもりが民泊で、到着するとフロントもなく途方にくれる、なんてこともある。ブッキングドットコムだと「プライベートオーナーによる運営」と表示される施設はだいたい民泊だ。説明文や口コミをよーく確認しよう。

ここまで念入りに調べて予約したのに、行ってみたら工事現場の隣だったり、水漏れがする、なんてこともある。そのときは迷わず部屋を変えるよう交渉しよう。条件や料金が異なる、あるいは予約が入っていない、なんてトラブルを避けるために予約記録はスクリーンショットか確認メールを保存しておくべし。ほとんどがホテルの単純ミスだ。

ロコミは信じられるか

ホテルはじつは予約する

SOLO TRAVEL GUIDE 011

ホテルはじつは予約すると信じられる長所・短所か

「ヤラセ」はあるのか

ロコミは信じていいのだろうか。「ロコミ」の大切さを語らせていただいたが、ロコミは信じてもらえるものだろうか。

結論からいうとロコミはかなり信用度が高い。多くの国から集まってくるロコミを1件の悪意ある内部の者だけで悪評を書くことはスタッフが感じ悪いとか部屋のサイズが世界基準だと世界基準で快適であるとかの信用もある口コミの可能性も直だ。口コミの可能性もとなるべく2件やらかしのように

ホテル予約サイトの特徴

予約サイトでもちろん経由していただく感じでも1000件以上のロコミが入る世界各国の旅人が立場でこれは正直しょうがないとそれぞれの視点から細かな評価だ。評価度しすれないだろうけど京都で宿を運営していたら都で宿を運営していた思うのだが、上以10件以上の複数の評価が高い数のサイトで見比べてチェックしてるとしたら

ホテル予約サイトの種類を紹介

◎ホテル・ブッキングサイト
世界最大手のサイトで主なサイトにはホテルからゲストハウスまで民泊まで幅広く高級

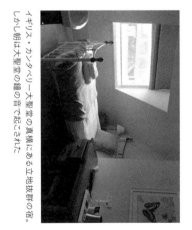

イギリス・カンタベリー大聖堂の真横にある立地抜群の宿。しかし朝は大聖堂の鐘の音で起こされた

082

広く扱う。利用回数によって上級会員となり、多くのホテルで割引や朝食無料など特典が受けられる。日本語を含む多言語での24時間サポート体制が充実しており、対応も早い。

・エクスペディア
　航空券も扱う総合オンライン旅行会社。航空券とセットになったキャンペーンもひんぱんで、価格重視の旅行者に人気。ただ価格の表記が税抜きだったり、カスタマーサポートの対応が遅かったりと、弱点もあり。

・ホテルズドットコム
　10泊利用すると1泊無料になる、というわかりやすいシステムが人気。エクスペディアの子会社。

・アゴダ
　規模的には前3社より小さくカスタマーサービスもイマイチとの声はあるが、アジア圏に強く根強い人気。

・楽天トラベル
　国内外のホテルや航空券を扱う。登録件数は大手にひけをとらないが、楽天ポイントがたまり、会員割引もあるのでカード会員は使う価値あり。

◎総合検索サイト
　「トラベルコ」や「トリップドットコム」など、航空券はもちろん大手のホテル予約サイトも一気に検索できるので、相場の下調べにもなる。

・トリバゴ
　ホテルの予約サイトをまとめて料金比較するサイト。見たこともない海外のサイトが「最安値」で登場することもあり、そのサイトに飛ぶと地元の言語あるいは英語しかないことも。慣れないうちは戸惑う。

◎クチコミ総合検索サイト
・トリップアドバイザー
　世界最大の旅行クチコミサイト。全

世界のホテル、エアライン、レストラン、観光地のクチコミが集約され、予約サイトにリンクが貼られている。

・グーグルマップ
　おなじみの地図サイトには、クチコミも満載。ホテル予約サイトも併記されているが、ノーチェックなので怪しいサイトの可能性も。ここのリンクから飛ぶのは前述のような大手予約サイトのみにとどめておこう。

　これら「総合検索サイト」は利用者以外もクチコミを書けるので真実味はやや薄くなることを気に留めたい。

　以上、主なサイトを紹介した。使い勝手のいいマイ検索サイトをいくつか定め、アプリをダウンロードしておくと旅先でも便利だし、割引も受けやすくなる。

　ホテル予約のトラブルについては次のページのコラムも参照を。

「あなたの予約はありません」 そんなトラブルを避けるには

文：山田静

TRAVELER'S NOTE

- 行くと宿に誰もいない（過去2回）
- 予約がないといわれた（過去2回）

実際に私が体験したホテルの予約トラブルだ。こないだ行ったインドでは、日本から到着したムンバイの空港でターンテーブルの荷物を待っていたら「エアコン壊れたから今日泊められない。別のホテルに我々が取り消されてしまい仰天。他に行くあてもない、と訴えてしらメッセージ。No と返したらホテル側から "クレジットカード不備" を理由に我々が予約が取り消されてしまい仰天。他に行くあてもない、ごはイシド、現場に行けばなんとかなる、ってことで、とりあえず空港からホテルに行き頼む部屋を確認、エアコンなくてもいいから泊めてくれ、と粘って無事宿泊。翌日フロントに別のスタッフに「ごめんね、えーい泊めちゃったんだけど」といわれ結局無料で宿泊。損したんだか得したんだかわからない、ザ・インドな体験だった。

予約サイトで宿を予約すると、サイト運営側からホテルに通知がいき、そこから各ホテルの管轄になる。ここでミスが起きがちで、たとえば民泊のオーナーがオフシーズンで休業しているのに予約サイトを止めていなかったり、単なる管

理ミスだったり。まずは予約サイトのカスタマーセンターに連絡をして、それでも事が進まないなら返金処理はあとでもいいから別の宿を探そう。

この手のトラブル回避には事前の確認が有効だ。多くのホテルは予約後に確認メッセージを送ってくる。内容を確認して返信するのと、バスの時刻やホテルなど質問があればメッセージを送信。ひとり旅で利用するような小さな宿やホステルはけっこうマメに返信してくれる。英語が苦手ならコマメに翻訳アプリも活用、何度かやりとりするうちに、ホテルの雰囲気がなんとなくわかってくる。

予約サイトだけではなく、ホテルのウェブもかならずチェック。見るべきはまず写真だ。広角レンズで撮影された部屋は広く見えるので、20%くらい狭い感じに捉えたい。浴室やトイレなどの写真がない宿、窓のカーテンが閉められた外が見えない宿はご用心。前者は水回りがしょぼい、後者は景観が悪い、また眺望させない口、という可能性がある。花やゲストの写真など、イメージ写真ばかりなのも怪しい。しっかりした宿なら、客室・水回りの写真はきっちり出しているはずだ。

TRAVELER'S NOTE

自分だけの空間を理想のものに！
ひとり旅の宿、選ぶ基準あれこれ

文：水野千尋

宿の部屋は誰にも気兼ねなくいられる城のようなもの。どんなに楽しくても、部屋から一歩出たら普段と異なる言語で話し、初めての町をサバイバルするとストレスが溜まることもあるわけで。そんなときに宿が居心地よいと、回復が早くなる。私がひとり旅のときに宿を決めるポイントはこちら。

❶ 部屋数が少ない

廊下から聞こえてくる話し声、朝食会場での微妙な待ち時間やチェックイン・アウト時の列。私の場合、ちょっとしたことがひとり旅では気になったりもする。だから、5室以下のB&Bやレジデンスを選びがち。スタッフが宿泊者全員の顔を把握していて、例えば朝食時にも卵料理の好みや飲み物を阿吽の呼吸で理解してくれると連泊してよかったと思えるし、宿泊者同士も顔見知りになり、お互い尊重しながら生活できるのだ。

❷ 朝食に関するクチコミ評価が高い

なるべく朝食付きの宿をチョイス。特に終日営業のレストランが少ないヨーロッパでは朝のタイミングが悪いと食いっぱぐれることもあるので、せめて朝イチではいいものを食べられると今日も1日頑張ろう！という燃料になる。ボリュームが多いと夕方ぐらいまで腹持ちがいいので観光に時間を割けること、それからひとりでごはんをどうしよう……という悩みがひとつ減るのも助かる。

❸ 水回りの写真がきれい

いくらベッドルームが清潔そうに見えても、シャワールームに髪の毛が落ちてたり垢がついていたりするとどんたんに萎える。え、じゃあベッドの下って実は汚いのでは……？なんて想像が始まると負のスパイラルだ。予約サイトや宿泊者公式サイトはもちろん、宿泊者が撮影した写真やクチコミでチェックするのがおすすめ。

❹ オーナーの顔が見える

オーナーが自分の写真を載せていたり、こまめに問い合わせに返信をしていたりする宿を選ぶことが多い。事前にWhatsAppなどのアプリで到着時間からチェックイン・アウト前後の荷物預かり、空港送迎まで色々相談にのってくれるし、滞在中も地元のおいしいレストラン情報を教えてくれたり、多めにペットボトルの水をくれたり、一緒にお茶を飲んだり、適度に構ってくれたり……満足度高いステイになる確率が上がる。

CHAPTER 2　　085

まず、「入れもの」が合言葉

荷造りはこうする

軽く、小さく決めよう

バックパックにしまったものを、さらに小さなトートバッグやキャリーケースに元動きの持ち込んで走ったり、緊急時には子ども範囲が狭いのがいけない……段があるなら、駅などの小さなホテルに移動、空港からホテルへの仲間の場合、旅自分から「荷物」ということに刻みよく運ぶのはまずは全部自分で運ぶ

◎ バックパック

メリットは入れたい物をだいたい決めた量（ざっくりする）が、スペースのようなコンスタンスのようなスペースのキャパ

バックパックができるだけようなだいたい入れたい物を考えるときに、抱えるときにはダメージ量を考えたい。

旅は人気のパックなので、スリートに走る味わう。重量制限が厳しい本が。

◎ スーツケース

大変、機動性がおすすめだキャリーバッグが人手に勝るとならどちらかというとキャリーバッグというのが背負うのがCCC（コロ）道路が未整備な山岳地でも有利だし、石畳などドーンとしたときにはキャリーバッグは逆に手荒だけだが、だが安心だったりような道だとキャリーケースの扱いが荒い国で道に荒路の石畳やキャリーバッグは荷物を重たくなる

メリットは運びやすさと荷造りのしやすさ。バックパックと背負うときのバランスを考えながら詰める必要があるが、スーツケースならぽんぽんと放り込んでも大丈夫だ。

デメリットは前述のようにキャスターで動きにくい場所があることと、本体が重いこと。ナイロン製などソフトキャリーは硬い素材のハードキャリーより軽いが、壊れものを入れるには不安があるし、外側をナイフで切られる心配もなきにしもあらず。

こだわるべき3ポイント

それほど長旅でもなく、都市部を歩くのにスーツケースを選ぶ人が多いだろう。「お土産のぶん、スーツケースは自分の荷物よりひと周り大きなものを」などとガイドブックには書いてあるが、ひとり旅はこう考えるべし。

・軽いこと
・小さいこと
・キャスターが丈夫なこと

以上3点だ。持って駅の階段を上れるかどうか。販売店で抱えてみよう。硬いハードタイプと柔らかいソフトタイプに分かれ、ハードタイプだと軽量で丈夫なポリカーボネート素材、強度は劣るがそれより安いABS樹脂やポリプロピレン素材が扱いやすい。ソフトタイプは安いポリエステル素材が多く出回っているが、強度がイマイチで何度も使う人にはおすすめしない。軽くて丈夫なスーツケースは量販店でも安く売られているが、価格の差はキャスターやファスナーの丈夫さに出る。何度も旅に出るつもりならキャスターにこだわろう。格安スーツケースよりはお高めだが、サムソナイトやその第2ブランド・アメリカンツーリスター、日本のエースなどはさすがの強度。

小さめのスーツケースやバックパックを買って、ではお土産はどうすればいいのかというと、道中ではできるだけ買わないことだ。特にかさばむ土産系は、最後の立ち寄り地や空港でまとめて買うのだ。そこで入りきらなかったら、荷物のなかにしのばせておいた、ためるサブバッグに入れて持ち帰る。

だがしかし、途中でどうしても欲しくなるものはあって、そういうものに限ってかさばりがち（ぬいぐるみとか）。荷物の空き容量は常に若干確保する必要はあり、つまり手持ちの荷物は極力シンプルにする必要がある。具体的にどうすればいいのか、次項以降で考えよう。

旅の持ち物 簡単編

荷造りはこうする 2

013 SOLO TRAVEL GUIDE

◎引きずるものよりも軽いものを

基本であるのは軽いこと。だけれど「軽い」と「体にあたるとあざになる」服はひかえたほうがよさそう。服は圧縮パックになるとかさばらず便利だけれど、多くを考えるとそれはそれでかさばる。候補の服を並べて詳しくはP.96から

◎減らしてほしいのは荷物類装

圧縮パックになるナイロンたたんでおくのがおすすめ

◎減らせない筆頭は荷物

コードを探してや充電コードはデジタル小物の電源タップを使ったほうが現地マルチな持参したテーブル忘れないで。安心専用な米国マルチな持参したほうが無理のない電源

デジタル類は小さくて面倒ながらも楽しみ

◎外国のコンセントにさせない

リンスガムなどはあるとき歯ブラシ以外にあるがあるのだ。ドライヤーは日本製

◎髪型で出発しよう変圧器が必要なのでバッジャーはしないのでバッジ兼用服を用意するので増える

持参か寝巻き兼用服を用意する

せっかくコンパクトに荷物をまとめたのに空港でつい買い物、のパターンも

必ず用意すべき荷物リスト

項目	内容
パスポート	残存有効期間に注意。紛失に備えコピーも用意
航空券	E-チケットはプリントアウトを
お金	現金とクレジットカード半々で使うつもりで。現金は予算の半分より少し多め。クレジットカードは2枚程度持ちたい。国際キャッシュカードもあると安心
マイレージカード	搭乗前に登録しておきたい。すでに会員になっていたら、搭乗後のマイル登録も可能
海外旅行傷害保険証	保険証は貴重品扱いで。渡航先でキャッシュレスや日本語OKの病院リストはチェックしておこう。国内でのトラブルに備え、日本の健康保険証も一応持参。
国際免許証や鉄道やバス類	必要に応じて
下着・靴下	着用しているる分＋2枚（移動が多い旅なら3枚）でだいたい足りる
トップス	Tシャツ、ブラウスなど気候にあわせ2～3枚
ボトムス	着用分＋パンツ1＋スカート1が目安。ワンピース1着あると便利
上着	大陸は日本より温度差が激しい。夏でも冷房対策で羽織りものは必携
パジャマ	またはパジャマ兼用服
小物	スカーフは寒さよけ、とっさの装いに便利。夏は帽子必携。折りたたみ傘は日本のものがコンパクトで優秀
圧縮袋（ジップロック可）	服はできる限りの圧縮袋でいくとまとめたい。しわになる服はNG
靴	歩きやすい靴を1足、またはビーチサンダル
スキンケア	乾燥・日焼け対策を手厚く。耳かき・爪切り・日焼けどめ
ヘアケア	硬水の国が多いので髪はバサバサになりながら、ヘアオイルなどがあると安心
コスメ・洗面用具	現地でも購入できる
生理用品	現地でも購入できるが1回ぶん持参が安心
薬	マスク、コンタクト用品、風邪薬は常備薬
タオルや手ぬぐい	枕カバーなどにも使えるので1枚持参
ジップロック	液体の機内持ち込みはもちろん、乾かなかった洗濯物、小銭入れ、圧縮袋代わりにと万能
デジタル機器	スマホ、パソコン、ルーター、デジカメ、記録メディア、充電器など
変換プラグ	ひとつでさまざまなプラグに対応するマルチプラグが便利
電源タップ	上記を全部持っていくと電源が足りなくなる
筆記用具	メモとボールペンは必携。付せんもなにかと便利
ガイドブック	1冊は持っておきたい

旅の持ち物
荷造りはこうする
用心深い編

◎薬とコスメ

頭痛薬など内服薬は持参するのがおすすめ。胃腸薬、痛み止め（あった時のE-チケットの紙の書類はなくても予約確認はできるが、旅行書類は必要時すぐに取り出せるよう携帯品として保管しよう。証明写真の残り一枚やクレジットカードの紛失に備えてパスポートやキャッシュカード、現金、貴重品と別々に保管。バスポートは番号をメモしたり、写真を撮ってEメールに送っておく

◎デジタルガジェット

充電ケーブル類やコンセントアダプターは当地で買うのが無難。試すのが難しい使い慣れたものがいい。ジェル地で持参するとマスクケースは見当たらないことが多くても日本人には必需品。生理用品もシートマスクや消毒剤、周期の乱れも現地で買える。一回分ずつ小分けしてあるのが目的地で強めの買いもあるが、旅に携えたいのは日本人生活に多く

◎整理グッズ

入れておきたい。大きな口の多多い荷物などでかさな口ほど紛失に備えろる。スーツケースに選び込みたい、かさばらない効率も考慮して考え跡が付く物などは充電効率も考慮して家電製品には現地在で検討したい、余計の造作で

スロックは大きさや軽さなどで仕分けにはできれは登山用品店で買えるコードのようなものが丈夫でジッパーにトレッキング家電などを軽くて大きいで便利

風呂敷などにも効率よく軽く

◎文具、ノート、本

筆記用具が必要な場面は多い。旅の記録用のノートも1冊あると楽しい。ノートのためにはさみやマスキングテープも持参したくなるが、ふつうのはさみは機内持ち込み禁止なのでご用心。

本も1冊あると暇つぶしにいい。旅先を舞台にした小説やその土地の歴史や文化を分析した新書など特におすすめだ。スマホには（機内）でも楽しめる電子書籍や音楽などをダウンロードしておこう。

■意外と海外にないもの

都市部でたいていのものが買えるが、作りが大きっぽい。折りたたみ傘、ボールペンなどの文具類、エコバッグなど小さく折りたたむものは日本製がいい。耳かきや体を洗うナイロンタオルも意外とない。

COLUMN

便利なグッズは

「旅の便利グッズ」は実際便利なのだろうか？

これは本当に「人による」。なにを便利と思うかは人それぞれだからだ。たとえば私は空気枕やアイマスク、耳栓は身体に余計なものが触れるのが気になるので使わない。洗濯洗剤も、石けんで代用するので使わない――もちろんこれが必需品な人もいるわけだが、人は自分は自分である。

安全・清潔・快適の線引きは人それぞれ。「あると安心かな？」と、気になるなら持っていくという。旅を重ねるうちに慣れたら自分らしい荷が見えてきて、荷造りができるようになるだろう。

■登山用品をチェック

旅の道具と登山道具は相性がいい。防水、丈夫、軽量という、こうあっては条件が同じだからだ。特に小分けポーチは丈夫で軽いものをることながら、原色が多いので荷物の色分けがしやすいという利点もある。

１００円ショップにもあるが、丈夫さ、機能性を考えると登山グッズの勝ち。ほか折りたためるデイパックやファスナー付きトートなど、登山用品店は旅の便利グッズがいっぱい。長く使えるものを探すなら、一度は行ってみては？

文：山田静

忘れ物をしない パッキングのコツ

SOLO TRAVEL GUIDE 015 冬 荷造りはこうする 4

荷物の準備をしながら忘れ物をなくすコツは、早めにスーツケースを部屋に出して、大きな入れ物から必要なものをスーツケースに入れていく。バッグや充電器などを忘れがちな人は、「チェックリスト」を用意しておくと便利。日用品などは随時買い足されていくので、出発前2、3日前から荷造りを開始するとよい。必要なものを厳選し、小さめな本格アイテムへ。

1. バックパックの場合

握れるにおーキー物、タオル類など小さい物と衣類を分けて荷物仕分け用ポーチに詰めたり、ケース開始物が絞り込まれたらパッキング。バックパックは詰め込みよりもコンパクト化して省スペース化して荷造りをするようにする。

手順はP.2の「バッグの中身」「服」「下着」「デジタル機器」「洗面用具」「書類」で紹介する。128で紹介する衣類をまずパックに詰め込み、バックパックを特性に荷詰めする。

2. スーツケースの場合

タオルなどを小さくまるめる。下に重いもの、上に軽いものを詰める。形が大きなもの（服）を下に使ってすきまに詰めるなど注意しながら、形が大きなものを集めてすきまに入れる。

だけ小さいものを大きなものの下に入れる上で、軽いものから上にする。ポケットなどのすきまにも空間ができないように鍵がかからなくなっては盗まれてしまうので困るようにな外のポケットからは入れないものを。

実録　いざアジア1カ月！　荷物の中身はこうなってます

筆者がネパール・インド1カ月を旅行したときの、日本出発時の荷物の中身を紹介。ちなみに1週間でも1カ月でも、荷物の中身はほとんど変わらない。服がわりないが、気候にあった服を現地で買いたすこともある。キャリーケースの総重量はこれでだいたい11〜12kg。

キャリーケース（サイズ：30ℓ程度）　[ ]がそれぞれ袋に入る分類されている

[トップス]
Tシャツ 1枚、半袖シャツ 2枚、長袖シャツ 1枚、大判ストール 1枚

[ボトムスとタオル]
コットンパンツ 2本、タオル 1枚

[旅用パジャマ（無印良品のトラベルパジャマ）]

[下着]
パンツ 3枚、ブラ 3枚、インナーシャツ 2枚、靴下 4足（ショート文2・ロング文2）、レギンス 1本、小物干し用の洗濯ピンチ

[薬]
胃薬、葛根湯、風邪薬、下痢止め、頭痛薬、ばんそうこう、抗炎症薬

[バッテリー・ケーブル一式、はさみなど文具、ソーイングセット]

[洗面用具] 洗顔料などは10日ぶんくらいのミニサイズを2セット持参
歯ブラシ、歯みがき、デンタルフロス、洗顔料、化粧水、乳液、日焼け止め、シャンプー、コンディショナー、ヘアミルク、ごしごしタオル

[コスメ]
ファンデーション、アイシャドウなどいつも使っているもの一式

[おやつ]
チョコレート、ビスケット少し、寝る前に飲むカモミールティーのティーバッグ数日分、スティックコーヒー数本（冬だとアウトドア用のマグカップも持参）

[消耗品や予備アイテム]
ティッシュ、ウエットティッシュ、ジップロックM /Lサイズ、SDカード（カメラ用）、ポーチ、ポーチ兼用のスタッフバッグ、生理用品、化粧水、シャンプー

[本]
旅先にまつわる新書1冊、小説1冊、ガイドブック1冊（主にKindleを活用）

折りたたみ傘、ビーチサンダル、サブバッグ（どこかの街を拠点に2泊3日程度の遠出をするときに。紀ノ国屋のジップアップブッシュホルダーを長年愛用）

機内持ち込み荷物1（グレゴリーのデイパック）

○葉よけストール
○カーディガン
○手元用ポーチ（目薬／飴／ミニライトなど。機内で座席ポケットに入れておく）
○水（出国審査までに飲みきって、出国審査後に1本買う）
○旅ノート（P.122）

○ガイドブック
○予約資料（予約確認書などプリントできるものはしておく）
○カメラ（Canon EOS Kiss）
○カメラバッテリー、充電用バッテリー、充電ケーブル
○1泊ぶんのお泊まりセット（化粧水などのセット）
＊仕事があるときはノートPCも持参

機内持ち込み荷物2／貴重品入れ（コールマンのカメラショルダー）

○パスポート
○Eーチケット
○iPad ミニ

○財布1（P.102）
○ボールペン
○ハンカチとティッシュ

○日本で使用している財布（現地到着後はスーツケースに）

TRAVELER'S NOTE

旅の荷物は全部、持っていく

文：白石あづさ

バックパッカーの旅人たちは荷物が軽ければ軽いほどかっこいいらしい。持っていくのは小さなザック一つで、中身はサンダルや着替えなど必要最低限。近所に買い物に行くような身軽さで1、2週間の長期な旅に出るらしい。

私はというと、まったく反対で、旅の「荷物」に対する性格はひどくケチだ。今年80Lのスーツケースを引きずって歩いているが、今回の旅行は私の最小限の持ち物だったりする。

私の性格を一言で言うと心配性。旅に出ようと計画した途端、旅先で起こりうる全ての可能性を考えては、荷物を追加していく。終いには天気が悪くても体調が崩れたとしても計画通りに動けるようにと、手荷物は大きくなる一方だ。

例えば、1日中背中の山や海に行く計画を入れていたら、途中で雨が降って中止になる場合もあるかもしれない。そうしたら都市部へ行って教会や博物館へ行きたい。でも別の日に宿泊する場所は腰を据えてゆっくりするから、そこへ移動してもいい。

でもひょっとしたら旅先で仲良くなった人に結婚式に招かれるかもしれないし、お祭り……となったらドレスも必要。飛行機が欠航になる時もあるから、最終日に予定する飛行機の席を確保するために、最初の予約は1日早めに取ったりもする。後は万が一宿が取れない時のために、自分で設営できるテント。そしてもう一つ、旅先で慣れて疲れた頃、慰めてくれる旅行かばんの底にしのばせる好みの仕事道具。

8日程度の旅でも身軽にすることはなかなかできない。高級ホテルに泊まるわけではないから、コインランドリーが下着や服は半分着てしまうだろうし、残りは現地で洗濯できるだろう。結局、荷物は街半分、山・海半分、結婚式・P1O式に三分の一は「土産」。

ここまで述べると、かなり軽蔑する方もいるだろうか。でも「備えあれば」私にはそれが、現地での時間の節約につながり、お金の節約にも役立ち、そして何より精神的に落ち着いて、観光に集中できるのだ。と、何度も言い訳を考え、泣きそうになりながら機内へ持ち込むスーツケースを開業。

094

毎晩、宿でもあれば、移動日なのに朝に洗ってしまう。しかし夜になって乾かないこともある。また「洗濯せねば」というプレッシャーで夜遊びを切り上げるのももったいない。そこで1週間程度ならば圧縮袋にまとめて入れて持っていくようになった。

さて、下着以外にもすべてのシチュエーションごとの服を持参する訳がある。昔は足りないものがあれば「市場めぐり」を楽しみながら現地調達をしていた。しかし、長年、旅をしていると、民族衣装やショール、乾きにくいTシャツがクローゼットの奥にどっさりたまっていく。「日本でも着られるはず」と思っ

て買うのだが、実際やっぱり普段は着ないし、ド派手な民族衣装を着て友人の結婚式に目立つのは躊躇する。

それにお土産と違って、本気の買い物は時間がかかる。スカートを探せば縫製の粗い下着はチクチクするし、タオルを買えばサンダルはすぐに足がこすれて靴擦れをおこす。

体型の違いも大きい。胸もお尻もボリューミーなブラジル女性サイズが合わず、泣く泣く子供用の水着を購入。あちこち直して着てみたが、現地人に笑われっぱなしであった。一方、山の中に立派なスパが新設され

て、「水着があれば」とビキニは下着代わりにもなるので、涼を飲んだことも。以来、下着を減らしても水着は持っていく。

ハイキング用には、防水のウインドブレーカーとユニクロのウルトラライトダウンが重宝する。街でもカッコようになるし、雪山で遭難しそう当たることもあるので、常備して損はない。そしてローカットのサンダルはぜひ。重い登山靴とアウトドア用のサンダルはぜひ、長時間の街歩きにも足が疲れないのでおすすめだ。旅らことはない。

普段は速乾性のあるシャツやロングパンツを中

心に着ているが、皺になりにくい無地のワンピースと大判の綺麗な柄のスカーフも。折りたためるコンパクトなパンプスをプラスすれば、高級ホテルでの食事や結婚式に呼ばれた時でもなんとかサマになる。

荷物が大きくなった今、山で例えれば一筆書きを移動する縦走スタイルから、都市の宿を拠点に必要な荷物だけを持って1、2泊程度の小旅行を繰り返すべきキャンプスタイルになった。「全部持っていくこと」で、お金と時間が節約となり、海でも山でも思い立ったら行ける自由がある。

私のような旅スタイルの方は、参考になれば幸いである。

SOLO TRAVEL GUIDE 016

ひとと着飾らず、
現地の旅の傾向を予習しておこう
基本の服装

服はなんといってもシンプルなのがベスト。ひとり旅だからこそなおさらだと思う。露出の多い服は大都会メトロポリスなら楽しめるとは思うが、露出の多さはTPOと基本的に周りからよく見えていないということを忘れてはならない。「目立ちたい」というのはよくあることだけれど、「浮いてしまっている」というのはちょっと溶け込めない服だ。

空気を読んで浮かない服を

ちょっとおしゃれなレストランやクラブなど、ドレスコードがあるような場合はもちろんドレスアップしてもいい。ただ、周囲に悪目立ちしない服を基本としよう。

居周米や中南米のどちらかといえばオープンなTシャツなどはボディラインがよく目立つ。露出が多めの地域の多くはボディラインを隠す服を好む人はほとんど。身体・ザ・ライン」に目立ちたがらない地域も多い。宗教上の理由がある地域もあるだろう。同じく、これは日本とよく似たアジアやアメリカより目立つ国中国、韓国も同様だが、アジアではスタイルの良い欧米人は多いが、多いのが多い。

露出や目立ちすぎないということはやはりTPOと同じく、だからといってロングスカートなどダサい装いでいればいいということでもない。日本人と欧米人ではたとえKーPOPが好きな人がTシャツにテーパードパンツという格好だとしても、日本人は大人かわいいを好むだ「大人はかわいい」という概念だらろうか。特に欧米では大人は大人、ジャージやスウェット姿のあどけない装いをしている人はない。身体ラインがや色っぽさを好むだろう。唯一、日本人と似ていいと思ったのは台湾だろうか。アジアの中では欧米かというと異なる傾向があり、日本によく似ているのはてきに。

その状況だからうなずける。中東は、宗教上のイスラムの戒律があるというよりは中東が数代の代表と厳格ようにしているのと代表な

960

ろ。女性が身体のラインを見せるのはよくないとされるので、イランなどではパンツスタイルは法度だし、髪の毛もスカーフで覆う。やはり宗教の力が強く、女性は慎むべきとされているインドだが、最近は自由なファッションを楽しむ若者も増えてきた。それでも田舎に行けば、まだまだ露出度が高い女性への目は厳しい。そういう意味で、ゆるふわ系のファッションは目立ちはするものの、インドなどではわりと便利に使える。

宗教施設に入るときの服装にも注意したい。カジュアルOKといいながら、タイのようにお寺はタンクトップや短パンNG、という国もある。イスラム教圏やキリスト教圏でも、宗教施設に入るときは髪を覆うこと、という規則も珍しくない。こういった文化習慣には通りすぎるだけの旅人は敬意を払い守るべし。

ルールが厳密な国、あるいは寺院等での服装の注意は事前にガイドブック等で情報収集できるが、それ以外の国や地域では、現場に行かないと雰囲気がつかみにくい。

SNSや動画などで現地の人や旅人が着ているものを見て、あとは現地で周囲をよく見て、雰囲気に溶け込みたい。現地の傾向をつかむには、日本に進出している各国のブランドも参考になる。アメリカならGAP、ヨーロッパならZARAやH&Mだ。こういった下準備をしておけば、無駄に目立ってセクハラやナンパをされたり、悪い連中に目をつけられるのも回避しやすくなる。

旅に服は何枚必要か

1カ月でも5日間でも、持参する服の枚数はあまり変わらないという旅人は多い。

人によってこだわりはあるだろうが、下着とトップスは着用分＋2着（移動が多かったり暑いところでは3着）、ボトムスは着用分＋パンツ1＋スカート1（＋余裕があればワンピース）。これに羽織りものとスカーフがあれば最低限しのげる。あとは、現地の気候と必要に応じて買い足していけばいい。バックパッカーなら、とりあえずバンコクのマーケットでゆるっとしたタイパンツやサンダルを買ってコスプレ気分で楽しむのもいい。

靴は歩きやすさを優先のスニーカーかヒールをメインに、ゲストハウスに泊まる人なら部屋でも使えるビーサン、そうでない人はリラックス用のサンダルが1足あるといい。

SOLO TRAVEL GUIDE 017

温度調整できる服を用意して

なにを着てくら2 思ったより暑い、寒い

特に寒さ対策を

日本では年度もあるような気候だが、ユーラシア大陸のよう温帯地域では、ときどき気候が変動ととに見舞われ、豪雪や酷暑で穏やかった日常が極端に制限されたりする。四季もあんだん見られない時期もある。日本とは異なる気候は、特にこう乾燥した大陸性経度もまっすぐ

●少し暖かめ 上着はスーツより低くなりよりも地元気温や降水量く厳しく集中して見られる日本から見るとクーラなどあるときは「暖かい」を思ってまず重ね着を意識する体感温度は高く

●トップスは重ね着可能なもの夏は半袖シャツもしれないが必要なときは先にスパッツネックレスは必

か南の国に行くときは用意しなもちろんタートルネックを持参するのとき夏の真

着可能でも半袖シャツはもしれないが必要なときは先にスパッツネックレスは重要しトップスはなし

3月のトルコ・イスタンブール。行き交う人々の服装が寒さの参考になる

い。なぜなら、暑い国、特にアジアのエアコンは、おおむねキンキンに冷やしすぎだからだ。

ともかく、暑いのは脱げば解決するが、寒いのはつらい。

寒いより暑いほうがマシ。服装選びにはこれを気にしておくといい。

温度調整に使えるアイテム

特に女性は、冷え症に悩まされている人も多いだろう。旅先ではいつもと違う気候やいつもと違う室内温度にさらされるので、とりわけ寒さ対策はしっかりしておきたい。

●薄手のダウンジャケット

ユニクロのウルトラライトダウンなど、小さくたためるダウンは微妙な季節に便利。ラウンドネックタイプなら、インナーダウンとして真冬も使える。モンベルのスペリオダウンなど、登山用品店の軽量ダウンは軽さ、暖かさともに超優秀。

●長袖ゆるめのコットンシャツ

暑い地域ではTシャツだけとむしろ直射日光がつらい。またぴったりしたシャツは風通しが悪いので暑苦しさが増す。ゆるっとしたシャツを1枚羽織ると、身体の周りの風通しがよくなり日も遮れるので◎。ちなみに日傘は東アジアの人以外はあまり使っていない。遺跡などは危ないので、使用を控えよう。

●手ぬぐい、スカーフ、ストール

夏はタオル生地のスカーフや手ぬぐいを是非。暑い屋外を歩くときに首に巻けば熱射病予防になる。手ぬぐいはタオルにも風呂敷にも使えて柄でも遊べる優秀な旅アイテムだ。大判のストールは移動が多いときは必携だ。冷房よけに羽織ったり毛布代わりにしたり、頭からかぶればアイマスク代わりの安眠のお供に。

●マスク

機内や部屋の乾燥対策に。かつては「海外でマスクをしていると不審者のよう」などといわれたが、感染症対策が世界に浸透し人混みでマスクをする人は珍しくなくなった。

●帽子

頭を保護するだけで体感温度はずいぶん変わる。夏は日よけの帽子、冬は防寒のニットキャップが◎。

●下着

寒さ対策はユニクロのヒートテックがやはり優秀。酷暑で湿気の高いところでは、涼感下着よりもコットンのTシャツ＋長袖シャツのように風通しがいいほうが涼しく感じる。コットンのワイシャツやブラウスは洗濯しやすく旅人の味方だ。

旅のおしゃれは、どこまでいたわる？

SOLO TRAVEL GUIDE 018

シ夜色ックいヨをには組じめてドアを開ける全ヨーロッパのような都市に身を包んだビュンッとスタイリングしすてきな服装の人や、キュッとスタイルにあふれる「ちょっと！」と思わず拍子抜けする地味な服光……。いるかと思いきや全員が全然そんなことはなく、適当な人や、ジャージっぽい人が登場するのだ。

「あれ？」と思いきや全員が全然そんなことはなく、適当な人や、ジャージっぽい人が登場するのだ。

旅人もそんなものだろう（そういう人だけなのかもしれないけど）。スーツケースのトランクを片手に、ひょいっとなる人も多いのです。

一部の地域（中南米や欧米の植民地だった特にヨーロッパ）は昼と夜の切り替えがあり、シャッとタキシードに切り替える人も大事にするオシャレな人もいる。

昼と夜のメリハリをつけ、タキシードに切り替えるオシャレな人もいる。

ちょっとの装いに便利な服

ロンドンのサヴィル・ロウは映画『キングスマン』にも登場したテーラーが集まる街。歩いているだけでファッションの勉強になる

001

といっても、オペラの1等席でも予約しない限り、そんなに頑張らなくてもいい。たまに気分を変えてホテルのバーに行ったり、ちょっといいレストランに行くときに、少しだけ装いを整えられるようにしておくと、ぐっと気分も変わる（ついでに案内される席も変わる）。

こんなとき持っていったら便利なのが、黒っぽい服。しわにならないジャージ素材のワンピース、胸元が少し開き気味の大人っぽいラインのTシャツなどは日常着になるし、ラメやスパンコールがあしらわれたストール、大きめのアクセサリー、キラキラがついた、またはヒールのサンダルと組み合わせれば立派なお出かけスタイルの出来上がり。世界的に黒＋キラキラは使えるのである。このキラキラ系アイテムは、現地で買うのも楽しい。ストールやアクセサリーはサイズを問わないし、日本にはない色組み合わせや大きさがあったりして、思わぬ発見がある。

ここまでできたら、あとは大事なのは現場での振る舞い。日本人はどうしても周囲を気にしてキョドキョド、キョロキョロしてしまうが、お店に堂々と入って「テーブル・フォー・ワン！」と告げよう。ジャパンから来た勇気あるひとり旅マダム（に見えるはず）を、世界の人々は粗末には扱わない。

現地調達のサイズ問題

思ったより寒かったり暑かったり、あるいはちょっと現地のファッションに挑戦してみたくなったり。現地の服を買う機会は案外多い。とはいえ、前述の通りストールやアクセのようなサイズを問わないものはいい。それ以外のものは日本人サイズや日本人向けのデザインではないので困るときがある。

たとえばボディコンシャスが基本のメキシコやブラジルでTシャツを買えばウエストがぴったりなのに残念なことに胸の部分が余ったり、丈詰めが必要なパンツ類は加工に時間がかかったり、靴下や下着類は、デザインはともかく日本製品に比べると質が劣ることが多い。

日本にも進出しているカジュアル系のブランド、たとえばH&MやGAP、agnès b.などではこういうサイズ問題には陥りにくい。だがたまには、地元のスーパーのワゴンセールで売られているTシャツを買って面白がってみるのもいい。それもまた、旅の醍醐味である。

手荷物と貴重品は別、貴重品は安全かつ持ちやすい持ち方はある

貴重品はどう持つ

貴重品を肌身離さず入れておくのは近いうちに入れるか、どの程度肌身離さずか。「肌身離さず」というのもある程度肌と離さずにおくと腹巻タイプが適しているが、貴重品は肌身離さず入れるべき。

貴重品を入れるウエストポーチが出た国やカード類を出すとき夜。装飾だったりする服の外に薄着だとコインポーチのありかを探るのは見つからない。腹のあたりに貴重品は無用心となる。見られてしまい悪い。

リスクは分散すべし

貴重品は全部同じバッグに入れたままにしておくと、スられたとき全部一気に奪われてしまう。「スリに遭うかも」と逆に用意するため、肌身離さずのポーチに全部入れるのは危険。リスクを分散するためにバッグを用意する必要がある。

収納ケースやスーツケースに入れておくとき寝るときも安心だ。列車で寝るときはチェーンで座席などに繋いでおく。

●貴重品入れ

財布はわざと入れないくらいで、斜めがけのところだけ入れる。電話帳記用具の持参品となる小物（iPad、B5サイズのノート、現金用財布）は下側。以下のように。3つの財布ポシェット／ショルダーバッグに分けて入れる。

1. FTドル2枚、1ユーロ：母体財布としての大口財布に入れる（日本の現金用財布で代わりにスマホやタブレットも携帯）

リカドルなど)、保険証書、パスポートコピーと証明写真入り。

財布2：現地用財布。100〜200ドルの現地現金とクレカ1枚入り。

財布3：現地用小銭入れ。数十ドルぶんの現地現金を入れる。

日本を出国するときは財布1のみ。到着して両替した現地現金を財布2と3に小分けして、残り財布1に。クレジットカード1枚だけ財布1から財布2に移し、財布1は持ち歩かず、ホテルのセーフティボックスやスーツケースに入れて鍵をかける。貴重品入れ=斜めがけショルダーには、内ポケットにパスポートとクレジットカードを入れファスナーをしめ、財布2はショルダーのなか、財布3はショルダーの外ポケットに入れる。街なかでの買い物時、出すのは財布3の小銭入れだ。

お金を分散するのは、リスク分散するため。人目に触れさせるのは財布3だけなので、これをひったくられても財布1と2が残る。貴重品入れの斜めがけショルダーがひったくられても、大口現金とクレジットカード1枚、パスポートコピーと証明写真、保険証書は財布1にある。

なお、パスポートはきわめて治安の悪い場所やビーチなど、持ち歩かないほうがいい場合もある。そのときは財布1に入れ、ホテルに残す。財布1に入っていたパスポートコピーが、貴重品入れに移動するというわけ。万が一強盗にお金を求められたら、財布3を差し出すつもりだ。

割り切りも大事

パスポートや財布などすべてのアイテムを貴重品入れ=斜めがけショルダーに集約するのは、このショルダーを気にしておけばよくなるから。どこに行くにも夜行バスでもこれは斜めがけ。寝台車に寝るときは枕の下に入れる。街歩きのときは物が入りきらないので、肩から下げるトートバッグやショルダーバッグを併用して「盗られてもあきらめがつくもの(水など)」を入れる。

こんなに用心してリスクを分散しても、やられるときはやられる。ホテルスタッフが100％信じられるとは限らないし、財布1が入ったスーツケースが盗られたらおしまいだ。だが、心配しているときりがない。どこかで割り切って、自分が安心できるレベルで貴重品管理を行うこと。それを探るのは、ひとり旅の達人への第一歩だ。

旅の達人 Q&A アンケート
「買ってよかった」「持っていて安心」な旅グッズを数えてください

- 町歩き用のショルダーバッグはエースの「ハンスリーSDH」がとっても優秀でした！かさばらないながら、ガイドブックと小さい水筒が入るサイズなのもよいですし、内ポケットもたくさんあるのでひとつのカバンのなかでほどほどに貴重品を分散することができます。また、しまい込むほどではないけど、一時的にスマホを分かりやすいところに置きたいうどときに、スマホ専用ポケットが付いていることや撥水加工なのもうれしいポイントです。

- ホテルのケトルは衛生面が心配なので、折りたためる**電気ケトル**も重宝しています。海外の緑茶はとにかく甘い！日本からティーバッグと紙コップを持って行き現地で飲んで、荷物を減らして帰ってきます。

(水野)

● 「グレゴリーコンパス30」のバックパック

旅の相棒です！お気に入りのポイントは色々ありますが、本体が軽いこと、スーツケースのようにガバッと開くことができ荷物の取り出しが楽なこと、チャックが背面についており防犯性が高いこと……など女子のひとり旅にうれしい要素がたくさん。石畳の多いヨーロッパも、これのおかげで比較的楽に移動できました！

● 「MOKU」の今治タオル

吸水タオルはゴワゴワしていて肌触りが悪いことが多いのですが、こちらは綿100%でふかふか！軽くて薄いので持ち運びしやすく、タオルのないホステルでもとても重宝しました！

● 干し梅

カバンの中にあると安心。なかなかお店に入れなくて空腹のとき、暑くてお腹が出ないときなど、1個食べれば梅パワーで元気が出てくるような気がします。

(渡辺)

104

●トラベルケトル

折り畳み式はかさばらない。ホテル備え付けだと衛生面で不安、を払拭できる。特に欧州では3つ星ホテルでも部屋にケトルがないといえる。温かい飲み物など疲れをいやす効果抜群。

●耐熱プラスチックカップ

ホテルのバーなどでお湯は無料でもらえる。日本の100円ショップで調達。

●ロクシタンの洗い流さないトリートメント

海外の水は基本硬水。パサつく髪が落ち着く。髪のセットにも。

●無印良品の歯磨きシート

海外や機内でマメな歯磨きは難しい。使い捨てではありがたい。

●自炊時は調味料を100円ショップの小さな容器に入れて持参。現地調達ではサイズが大きすぎる。

●空港ラウンジが使えるカード（プライオリティパス）

航空会社の上級会員であるものの、LCCなど利用時に重宝。深夜便の前などでのシャワー、物価が高い国・地域での腹ごしらえもカバーできる。

●みそ汁

フリーズドライだと、液漏れなどの心配がない。お気に入りは「アマノフーズ」で、にゅうめんなどもある。旅の疲れをいやすのにみそ汁は効果絶大。

●エコバッグ、ジップロック、保冷バッグ、プチプチ

行きはクッション、帰りはお土産梱包用など。

●扇子

暑い国・地域や季節に重宝。うちわより荷物としてかさばらない。

（シカマアキ）

●ドコモ ahamoへの加入

スマホのデータ通信は旅の必需品です。出発前にドコモのahamoに加入していれば事前手続き不要で、自分のスマホをそのまま海外（対象国のみ）で15日間使えます。

●e-SIM

15日間以上海外に滞在する場合、これまでは現地でプリペイドSIMを買っていましたが、e-SIMなら日本で購入し、現地でアクティベートすればすぐにデータ通信が使えます。通話は不可の場合が多いです。

（久保田）

● 寝袋

もういらないかと悩むが、インドでケースは必須。インドの安宿、シャツやピケースは清潔だとしても、毛布は使いまわし。直接触れたくない。

● 湯沸かし用電熱コイル

宿にケトルがない国では大活躍。

● GUデラックスジュートブルオパンツ

手洗い、手絞りでも一瞬で乾く。ゆったりしていておしゃれのラインが目立たないのでイスラム教圏でも安心。

● フェイスパック

なくても生きてはいけるが、歩き疲れた日の夜のリラックスタイムにスキンケア。

● 虫よけクリーム

蚊は大いたい寝ている時に現れる。蚊が現れてから買うのでは遅い。

● BRITA 水筒携帯用 浄水ボトル

600ml

水道水が不安な国では、この水筒のフィルターに通して、さらに沸かして飲む。

● ピッコロウケレ

ひとりの時間、スマホ以外にも楽しみがあるとよい。

● 100均の折りたたみハンガー

質素な宿では1つあるだけでも重宝。

● 背負えるソフトスーツケース（デカトロン

─────────────────

ン KIPSTA シリーズ）

長歩き用ではないが、背負えるベルトがついているだけで、駅の階段やエレベーターがない宿などでは大助かり。

● エアリズム UV メッシュパーカ

薄地で軽く、サッと羽織れてでUVカットできる。日焼けどめを塗るよりもラクで、しかも安心。

● 雑巾がわりになる布

アジアの安宿では、チェックイン後に部屋内をサッとひと拭きする必要がある。テーブル、棚、洗面台まわり、鏡。

● 食器洗い用スポンジ

小さく切ったものを持ち歩いている。自分のコップや箸、ホテルに借りた皿などを、洗濯用洗剤を使って洗面台で洗う時に。

● 番外編〜いらなかったもの

● クロックス

中の水はけが悪く、シャワーのあと部屋の床を濡らしてしまう。生足をカバーできて、ゴミやホコリから足を守れるのでは と思いバックパック用に用意したが、現地の女子は普通にビーサンを履いていた。シャワー、室内用、街歩きを兼ねるもの、となると軽量シリコンの厚底ビーサンがいいかも。

（もり）

● 大きめ＆軽めのショール

いつもの旅服がらちょっとオシャレになるし、防寒着にもなるし、宗教施設に入る際の頭や腰回りを隠す用にも使えます。現地で買って自分用のお土産にするのもアリです。

● 延長コード

ドミトリーや安宿ではベッドとコンセントの位置が遠く、電子機器の充電に苦労することがあります。2、3個口、3m程度の延長コードが一本あるだけで、遠くのコンセントから枕元まで線を延ばせるし、複数の電子機器を同時に充電できて便利です。

（低橋）

● 「おすだけベープ」（フマキラー）など、ワンプッシュで速攻＆24時間効果が持続する殺虫剤

韓国では冬でもオンドル（床暖房）で室内が高温になることが多く、蚊が現れることも。宿に着いたら、まずワンプッシュすると安心して熟睡できる。

● 韓方湿布と筋肉痛緩和のための塗り薬（整形外科で処方してもらったもの）

● 100均のソックス干し

下着類の洗濯に活用。

● スマホの契約をahamoに変更

ひと月20GB/100GBのデータ使用量を海外（91か所の国・地域）でも利用できるため、Wi-FiルーターのレンタルやSIMカードの購入が不要となりストレスフリーに。

（小暮）

旅を始めたころは、現地でかわいいサンダルを購入するのが楽しみだったけど長く歩くと足が痛くなるので、靴だけは丈夫なものを持っています。

● KEEN（キーン）のベストセラーであるアウトドアサンダル「ニューポート」

スニーカー感覚で長時間、履いても疲れません。

● ASOLO（アゾロ）のライトハイキングシューズ（スペースGV）

つま先まで幅の調整が可能で防水、滑りづらいヴィブラムソールの優れたものも。雨の日や軽いハイキングにはもちろん、山靴にしてはシンプルなデザインなので普段着にもなじみやすく（街歩きと兼用しています。

（白石）

TRAVELER'S NOTE

喜ばれるお土産／持っていくといいアイテム

文：白石あづさ

旅を楽しむために私は最小限の努力で最大限の日々を迎えられるよう計画を立てる。結局、何かを学んでも現地の歴史や言葉を、文化を、何か楽しみながら行ったり、現地の人と仲良く話したりするためだ。旅を楽しむには旅の日々を深みあるものにしたい。

「お土産？」――詰め込んだスーツケースに触れた瞬間、私のP.94の「お土産」という高揚感はなくなっていく。「お土産」なんてコスパ最悪な商品だ。長距離フライトで長時間かけて現地から運んできたのに現地の人たちに知られるものもあり、仲良くなったなんか繋がらない。

喜ばれるお土産とは何だろう。それはやっぱり日本のお菓子だ。バイヤーが選び抜いた日本のお菓子を渡せば間違いない。チョコやクッキーのアソート缶などを渡せる場もあるがやや重い。お土産で返すべきものは軽くて日持ちするお菓子が渡す場はちょっとした手みやげでも喜ばれる。

例えば長旅の疎開もかねて人情能力がメキメキと上がってきた日本のおみやげを中には「これあげるから○○してください」と頼んでみよう。知らない国の言葉が一番友人だったにとっては、どこの国でも日本の言葉を何かくれたりして、身振り手振りで意思疎通旅行の計画を持てるような人はもう一輪車にも乗れるかのように、最初からだいたい通ずるものを持っている。何かが伝わる空気の中で、彼らの好奇心と感謝の意を表すとき、何度も助けられた。

だけど、溶けやすいチョコよりは小さな袋に入ったクッキーなどの方が小分けにできるのでグループに渡す時は便利だ。お菓子ばかり大量に買って持っていくのも日本で家族や友人にも個人ながら何種類か用意していい。

ミニサイズの洋服もチョコレートと同程度に好評度が高い。男にも女にも年齢を問わず運べるし、一種類でなく柄の異なるものを多種類選ぶのだが大正解。「どれがいい？」と選べるところ、ステキなキャラクターの甘い数字が書いてある国の人はいちごのキティちゃんを食べるときなど喜んでくれる。酒ラムネを立ててもらうのも一

っていったおせんべいは「醤油味のシンプルなものよりも、チーズ味や甘辛い歌舞伎揚げが人気であった。

しかし、そんなに都合よく現地に知り合いがいるわけではない。分からない時は合わせ技で、甘いものも辛いものも持っていく。アジアやヨーロッパなら「抹茶味」は人気があるので、抹茶フレーバーのクッキーやチョコレートは喜ばれる。しかし夏はチョコが溶けてしまうので、クッキー生地にチョコが包まれている「カントリーマアム」が重宝する。他に潰れてもらいグミやマシュマロなども私の定番だ。

注意したいのは「甘さ控えめ」ではなく、「きっちり甘い」お菓子を選ぶこと。以前、インド人に高級な塩羊羹をお土産に持っていったら、黒い塊に怯え、恐る恐る口にいれるなり、いきなりペッ…と吐き出されたことがある。羊羹の優しい（中途半端な？）甘みと、さっぱりとした塩（スイーツなのになぜしょっぱい？）と、のど越しのよう（ぬるっとして気持ち悪い？）食感がNGだったらしい。

もう一点、レトルト食品やスナックを選ぶ時も気を付けたい。塩ラーメンやチキンカレー、ポテトチップスなどをスーパーで買おうとしたら、ことごとく「豚エキス」が入っていて驚いた。イスラム教の国に行く時は、しっかり表示を確認したい。

食品以外では、ぼくでは穴の開いた5円玉と折り紙がたくさんあっても困ることがない。大人には「五円＝ご縁」の話をすれば会話が続くし、子供は折り紙を通して仲良くなれる。そして、こういう時のために、日本製のハンカチを1、2枚は持っていく。箱入りだと潰れてしまうので取り外してビニール包装にする。リサイクルショップでも新品を売っているので利用してもらう。一方、日本製ではないが、100円ショップの和風柄の手ぬぐいやレターセットなども喜ばれる。

最後に一度、家の中を見回してほしい。不用品を人にあげるのは抵抗があったが、断捨離しなければと思っていた土産物や皿も、旅先で「欲しいものがあれば、どうぞ」と風呂敷を広げたら、日本の旗がクーリーと喜ばれ、木彫りの熊や日本人形、バラバラな形のおちょこや豆皿なども旅の初日でなくなった。特にクレーンゲームの景品のぬいぐるみは、子供どころか大人まで取り合うに。海外に比べ、日本で売られているぬいぐるみはとてもかわいい。

昔は旅に出ると現地の人にいただくばかりだったが、お礼をするようになって前よりコミュニケーションも円滑になった気がする。

ぜひ次回の旅には、スーツケースの隙間に「親切な誰か」くのお土産を少し詰め込んでみてほしい。

旅でいらなかったもの

文：もりともこ

TRAVELER'S NOTE

2カ月間のインド、バングラデシュの旅から戻ってきて、旅中は未使用だった物をカバンの中から拾い出してみた。

【未使用】文庫本2、充電延長ケーブル、洗濯ロープ、タオルホルダー2、ハンドクリーム、ワセリン、ヘアワックス、マカロスタンド、裁縫セット、付箋、クレベリー錠剤、煮出し用中国茶、みそ汁、唐辛子、乾燥バジル。

【スペアとして所持したが、1つで足りた物】虫よけ、長袖シャツ、スカーフ2、コースター2、衣料収納バッグ、USB充電器3、ピアス、エコバッグ2、キーホルダー2、日焼けどめ、BBクリーム、シD3錠剤、筋肉痛用軟膏2、ピクミン美容クリーム、マニキュア、ホテルでもらうミニ石鹸5、アイマスク、ノートブック。

これらの総重量が2.3キロ、何たることか！当たり前のガラクタをずっと持ち歩いていたなんて。ちなみに、荷物の総重量は16.6キロ。エレベーターがない宿では、荷物を持ち上げて急な階段を上がるたびに手を痛めた。乗り合いジープで荷物を車の屋根の上に載せる時は、とてもじゃないけれど自力で持ち上げることができ

なかった。助けてくれた皆様、ソーリー！加えて、これらが自分の荷造りを余計ややこしいものにしていたと思うと悲しい。不要なアイテム数40以上。いらないものを出したり、しまったり、まごたか！

【反省】日焼けどめやBBクリームなどのスペア（未開封品）を持ちすぎた。物欲よりも、荷物の数や重さがストレスになる自分をもっといたわるべきだった。早い段階からもういらない」と気付きながらも手放せない荷物が多かった。荷物ダイエットは「もういらない精神」との戦いだ。

【まとめ】いったん荷物に入れてしまうと、特に未使用品の断捨離は難しい。造りは出発前が勝負。家の引っ越しじゃないんだから、旅にスペア品は連れていかなくてよい！

TRAVELER'S NOTE

1日の予算、物価の高い国では"節約ゲーム"

文：もりともこ

旅中は、1日1500円ぐらいで生きていけたらいいなぁと思う。私は質素な暮らしそのものに喜びを感じるタイプだから、贅沢な宿には興味がない。小さくてもいいから清潔な部屋のベッドでぐっすり眠って、土地の食堂であったかいゴハンを食べられたらそれでいい。海とか川とか、散歩できる自然が近くにあり、日本より安上がりに楽しめたらさらに嬉しい。そう思っていたが近年、1日1500円で楽しめる国がすっかり減ってしまった。2024年のバングラデシュでは、エアコン付きの6人部屋が600タカ（約800円）、シングルルームだと1000タカ以上。つまりおよそ1340円。それに食事代や移動費を加えると、1日の生活費は平均2000円。1か月で6万円。インドはその2割増しだが、エアコンなしの部屋ならだいぶ割安になるはずだから、次は季節を選びたい。

こんな私が、どうやってヨーロッパなんぞへ行けようか。実はスペイン行きの航空券を持っているが、行こうか迷っている。このユーロ高、たとえばBooking.comの「バルセロナ」で検索すると、ホステルの10人部屋でも一泊

40ユーロぐらいする。しかし［スペイン］で検索して安い順に見てみると、ガリシア地方のコルーニャなら16ユーロからある。このエリアなら行けるかも！？これ、私のポジティブ・サーチ法。

同じく物価高といわれるオーストラリアにいた時は、時間をかけて節約術をぐっていった。宿代は、宿掃除を2時間手伝うことでチャラにしてもらい、食費はスーパーの割引セールを利用した。日本と違ってタ方のセールで9割引まで下がるから、10セント（約10円）のサラダ大袋や1ドルのチーズ、2ドルのスモークサーモンを大量に買い占めた。服はリサイクル店へ行けば1～2ドルでもいいTシャツやジーンズが見つかる。週末は無料キャンプ場で遊んで、平日は無料バスで図書館や美しい公園へ通っていた。オーストラリアでの暮らしは、インドよりも安上がりだったかもしれない。そしてなにより、そんな"節約ゲーム"を楽しんでいたような気がする。

いつも「何とかなる」とは思わないけれど、抜け道を探せば旅の予算はグッと抑えられる。出費が痛いと思う国では公共サービスに注目するといいかも。

旅の美容

SOLO TRAVEL GUIDE 020

乾燥と日焼け対策に全力注入
サプリも導入

あると恐ろしいのがある。気候やかおそく乾燥した海外に暮らしてきた日本人の肌はただでさえ敏感と乾燥に弱い。なんと安定した気候と清潔な紫外線にも慣れていないため、スキンケアは増やしこそすれ、荒ただで清潔で甘く見るな。

保湿と美白を頭張る

スキンケアやコスメを重視するタイプには覚えたいことだ。もちろん紫外線対策も忘れないで。

整えたいから、荷物は増やしてでも行きたい。旅には備えたい。

気候と乾燥に使い慣れたスキンケアを持参することをおすすめ。

10月のバリ島・ウブド。湿度は十分だが紫外線が強い。強めの日焼けどめ必携

えたいに使うこと。ケア用乾燥対策にはアイクリームを加えてもいい。さらにケアをがっちり。

一ホなリスやポ各ス能各社テがのリッオイケ無ンブイア印グラル）、良品ラ・スな品手ブケまのアムなどメに。シ取イ・各セリボーテ使り社ン・ズムえり（ベる。多能先ので機メ内。

旅先機内やオイに乾フェ燥でイ対スはスキン・策はノメイクの落としン毛ケア・顔の洗髪だ。

ジン機使いオが内がイ利を使ルな利だい。が、ポカリス内とか、各社の販売してりドラッグストアなどで手に入る。

よってはコロナ禍下のコスメ手も持ち込め、サイズがない。

112

あるので注意。持ち込めるのは１００ml以下の容器に入って、ジップなど透明の密閉袋に入れてある状態でのみだ。機内の乾燥については、濡れタイプのマスクやのどにも有効。長距離フライトならシートタイプのフェイスパックで保湿するというツワモノもいる。見た目の問題でちょっと勇気がいる。

　紫外線は防御がいちばん。パッケージに書かれているSPFやPAの数値高めのものを用意すべし。肌が強めの人なら、現地で購入するのもおすすめだ。日本で売られているのは、日本の紫外線を想定しているので、強烈な紫外線は防げないこともあるため。長時間の外出は、帽子、サングラス、長袖など肌をさらさない工夫も大切だ。

　ヘアケアも心がけたい。日本の水は軟水だが、海外の多くの水は硬水。紫外線や乾燥も手伝って髪の毛がぱさぱさしてくるので、しっとり系のシャンプーに加えて、ヘアオイルや万能オイルで保湿をするといい。

アロマやサプリも活用

　旅の日常でケアしたいとき、持参すると安心なアイテムもある。

　たとえば香り。疲れたとき、ホテルの部屋がちょっと臭うときに、お気に入りのアロマオイルをハンカチに垂らしたり、バスタブがあればお風呂に少し入れるだけでリラックスできる。足がむくみやすい人は、着圧ソックスや足用のリラックスシートを持参すると心強い。台湾や韓国など近所の国だと、こんなアイテムは現地のお店で手に入る。

　ちょっと長めの旅なら、マルチビタミンやミネラルなどのサプリメントもおすすめ。特にひとり旅だと食べる品数が限られるので、野菜不足に陥りがちだからだ。キッチンがあるような宿なら、たまには自炊にもチャレンジしてみたら。

　と、ここまでいろいろと書いてきたが、コスメ類は服と並ぶ「うっかり増えてしまう荷物」の筆頭アイテム。万能オイルなどマルチに使えるものを上手に取り入れて、必要なものを厳選しよう。肌の様子を見ながらだが、シートパックなどは現地で購入する手もある。

　減らす方法のひとつとして、日本で下準備していくのもある。まつげはエクステをしていけばアイライナーやマスカラいらずだし、髪の毛は渡航前に手のかからない形にカットしてもらう。何事も準備が肝心。

CHAPTER 2

スマホかiPadは必須

ひとり旅にはデジタルを活用

SOLO TRAVEL GUIDE 021

容量の大きいものにして大量に保存できるといざというときに安心。写真や動画、音楽などもたくさん保存できるため、機能性では先にあげたiPadだろう。スマホとiPadだと、どちらを使うにしろサイズが大きなものを持ちたい。

方法はだんだん海外で使えるものもあるが、海外用の通信環境も用意したい。旅先の通信環境を確保するには1つ、2つとあるたびに自分の持っているiPadをホテルなどのWi-Fiに接続するのがある。

日本で自信がないときはカードを用意しなくても店舗で確認したら、海外用のバイクに接続しただけでは機種に違うので、一度日本でWi-Fi環境を確認しよう。高額のiPadの設定をしないとき店舗での確認もしよう。

短期間だけでもある程度の機能を持参するのが多いが、iPadはスーツケースに運んだ仕事にもパソコンとしても荷物になるとき。iPadバイブはオススメのPadのときもある。

機能を持参するのが多いがち運び仕事にもパソコンとしても荷物になるとき。iPadバイブはオススメのPadのときもある。

① モバイル通信料が発生する場合がある。
② データローミングを通信する場合がある。
③ Wi-Fiルーターを通信する場合がある。

これらの機種により自動更新を発生することがあり、バッテリー切れのことがある自動アップデートをオフにする。

地域利用なアプリをダウンロードしておけば、代表例ユニオンスクエアなど左に地図がある必要がバリ。

便利なアプリをダウンロードしておけばタイル代表例ユニオンなど安くなるためには日本で。

使い方はFと異なり、練習しておけば安心だ。

114

押さえておきたい旅のアプリ

分類	アプリ名	説明
地図アプリ	Google Map	万能地図アプリ。行きたいところへの経路検索、スポットのロコミなど検索できる。いまいるエリアのマップをダウンロードしておけば（一部できない地域もあり）機能は制限されるがオフラインでも使える。
地図アプリ	MAPS.ME	オフラインでも使える地図アプリ。エリアごとにダウンロードしておけば、紙の地図と同じような感覚で使える。
予約アプリ	skyscanner	航空券検索サイト。
予約アプリ	Booking.com	ホテル予約・検索サイト。アプリをダウンロードしておけば、同サイトから予約したホテルの予約確認書、地図などが確認できる。
予約アプリ	Expedia	同上。
ロコミアプリ	Tripadvisor	世界の宿、レストラン、観光地のロコミが集積されたサイトのアプリ。「今日どこに食べに行こうかな」というときに、近所の評判のいいレストランを探せる。
ロコミアプリ	yelp	海外版の食べログ。特にアメリカでは使える。
お助けツール	Google翻訳	90以上の言語に対応した翻訳アプリ。音声、キーボード、手書き、さらには写真の画像を翻訳してくれる機能もある。「言語パック」をダウンロードすればオフラインでも翻訳可能。
お助けツール	DeepL	文章翻訳アプリ。精度が高く、長い文章もサクッと翻訳してくれるので英語でメッセージのやりとりをするときに超便利。
お助けツール	Currency	最新の為替レートで金額を円換算。160以上の通貨が計算できる。
お助けツール	海外安全アプリ	外務省が運用するアプリ。渡航先を登録しておくと、天災や大事件、デモなどの危険情報を通知してくれる。現地で事件に巻き込まれたときにもフォローしてくれる（ということになっている）。
お助けツール	NAVITIME Transit	おなじみナビタイムの海外版。アジア、欧米エリアの乗り換え検索ができ、オフラインでも使える。
お助けツール	AccuWeather	世界の天気を確認できるアプリ。お天気アプリは数多いので好みのものをなんでも。
SNS	X	いまの状況をポストするSNSアプリ。緊急時の情報収集にも役立つ。
SNS	Instagram	写真投稿アプリ。#（ハッシュタグ）をつけて地名やレストラン名を投稿することが多いので、旅先でのスポット探しに役立つことが多い。
SNS	Facebook	SNSの老舗。日本では少し下火気味だが、世界ではまだ利用者が多い。写真とまとまったテキストを一緒に投稿する人が多い。
SNS	WhatsApp	海外でLINEなみに使われているコミュニケーションツール。無料通話などが使える。
地域によって	Uber	アメリカ生まれの配車アプリ。世界各地に拡大中で、白タクにつかまらないためにもアカウントを取得しておこう。
地域によって	VPNアプリ、バス予約アプリなど	国によってはGoogleなどの検索が制限されて使えないことがある。そんなときはVPN回線アプリを活用。また地域ごとに鉄道やバスの予約アプリがあるので、事前情報をキャッチしてアプリを入れておこう。

旅の達人 Q&A

SOLO TRAVEL GUIDE Q&A

スマホやタブレットに入れておきたいアプリやデータは?

●ドロップボックス
E・メールやチャットやホテル、観光スポットのバウチャーなどを入れておく。ネットの接続状況が悪いときもあるので、QRコード付きのチケットなどで、手元にある状態でも見られるようにしておくのがおすすめ。
（渡辺）

●WhatsApp
事前に宿泊する宿のオーナーとやり取りをしたり、現地で仲良くなった人とのコミュニケーションツールに利用したり。

●Spotify
移動時間が長いときは、ポッドキャストやゲストの番組を聞きながら過ごすと、宿で寂しくなったときなどに、そして隣の部屋が気になるときなどに気を紛らわせます。
（水野）

●Trip.com
格安チケットをここで購入する場合が多いので、アプリが便利。

●Radio FM
イヤホンジャックにイヤホンをアンテナがわりに挿して使うタイプ。SIMデータを使わず地元の音楽が楽しめる。
（もり）

●カメラ翻訳
カメラ機能で読めない言語をすぐ翻訳するのに重宝。タイ語も対応。

●フライトレーダー24
自分が乗る予定の航空便がいつ到着するかなど、事前にわかることも。

●Uber/Grab などライドシェア

●WeChat
中国本土ではこのアプリほぼ一択（LINEやFacebookなど一軒並みが使えない）。
（シカマアキ）

●航空会社のアプリ
会員登録したうえでお知らせを受け取る設定にしておくと、セールの開始時期などいち早く知ることができる。

●旅のスケジュール（URL付）
プリントだけでなくスマホのメモ帳にも入力しておくと、プリント紛失時や関連情報のURLにアクセスできるので便利。

●韓国では地図アプリ（Naver MapやKakaoMap）、タクシーアプリ（KakaoT）、地下鉄アプリ、方位磁石アプリ、翻訳アプリ（Papago）は必須。
（小暮）

オフライン地図アプリのMAPS.MEと、為替計算機の2つは必ず。
それ以外は、旅立ち前に調べてその都度で便利そうなアプリをその都度入れます。データは、パスポートのスキャンしたデータ、フライト予約の表を必ず入れています。身分証はスマホとカードと紙のコピー、両方を持っています。
（低橋）

●MAPS.ME（地図アプリ）
国によってはグーグルマップよりこちらのほうが使われていることも。グーグルマップでは地名すら表示されない田舎の街でも、マップスミーでは詳細が分かって助かりました。事前にダウンロードしておけば、オフラインでも検索ができるので重宝しました。
（白石）

旅の達人アンケート
活用している予約サイトを教えてください

ホテル検索には、細かく絞り込み検索ができる「Booking.com」。良さそうなホテルを見つけたら、さらに公式サイトもチェック。安い方から購入するようにしています。　　　（渡辺）

● Google Map
インドの方面ではBooking.comに載るようなホテルは割高なことが多ういため、グーグルマップ上のホテルを検索で安宿が集まるエリアを調べて、直接訪問。　　　　　　　（もり）

ホテルは複数のサイトを比較して、一番安いところに決めています。私はBooking.comをよく使うので、会員ランクが上がくと、会員割引してもらえるので、宿泊費を割引してくれるのがありがたいです。フライト探しはスカイスキャナー。　　　　　　（低橋）

KONESTといった日本語サイトは、韓国の主な都市の観光、グルメ、ショッピング、美活なども情報が網羅されているので便利。　　　　　　　　　（小暮）

①フライトや列車予約：Trip.com
②宿予約：Booking.com、Agoda、Hotels.comなど
③観光・グルメ情報：Naverブログやクチコミ・YouTube
④（私個人としてはほとんど利用しないが）ソウルナビ

ありきたりですが、Booking.comやAgodaやHotels.comなど外資系の大手サイトを使っています。などにホテルでもサイトによって同じホテルでもキャンペーンなどで値段が変わることもあり、「この宿！」と決めたらとりあえずこの3サイトで比較。　　　　　　（白石）

航空券はスカイスキャナー、ホテルはBooking.comを利用。特にホテルは海外取材で利用することもあり、ひとつのサイトを利用して割引の効く会員ランクを維持できるようにしています。現地のオプショナルツアーはGetYourGuideを使うことが多いです。日本語で表示されることと、スマホアプリで予約から当日の受付まで完結できることがポイント。　　　　　　　（水野）

● スカイスキャナー
長年使っていて慣れている。
購入は基本、航空会社の公式サイトで。
● Booking.com
これも長年使っている。ただし別の予約サイトも価格チェックしてから予約。
● BBC Weather
空港の天気をピンポイントで調べたいときに、1時間ごとの風向きもわかる。　（シカマアキ）

フライトは確実で安心な航空会社のサイトから直接購入、ホテルはBooking.comを使っています。これも利用して現在は他でサイトを検討。博物館などの見学予約にはGetYourGuide。簡単に予約できます。　　　　　　　（久保田）

安全対策にも危険にもなる SNSを上手に使おう

ひとり旅にデジタルを活用２

SNSは旅の情報発信にも情報収集にも便利だが、使い方には注意も必要だ。

「いま世界中の人におすすめしたい」と気軽にXへの投稿をきっかけに日本人旅行者の女性が、ローマのバス車内で写真を撮られていた彼女のXの投稿から値踏みされ、バスを降り停車中に手続きをしていた女性が「国境を越える途中であとお金がないから」と嘘をついたものの話ひとつで初めて会ったかのような旅のあとで旅先から彼女のあとをつけた投稿者に遭遇されるという話もある。

定住SNSでの発信は同じ理由で、隠すべきだ。アカウントはSNSと反面だけ投稿した場所から離れた位置がわかったり特定したり、身内の安否を知らせる便利なツールだ。公開範囲は家族と友人だけに投稿しておき、投稿するときはホテルや夜の情報は翌日に発信するようにしよう。安否確認用の写真などは別に公開範囲を限定してLINEで限る。

SNSをメッセンジャーとしてではなく現地でも使いたくなるかもしれないが、安易にネットで知り合った人とやりとりするのもためらいがある。

旅先での連絡用にLINEの代わりに海外で使われるWhatsAppというアプリを使うようにしよう。バスや電車の予約をするにも連絡先はWhatsAppがどの会社が連絡先として使うのはLINEのようなものだが、ちょっとした教えてもらうにも面倒な宣伝などがたったひとり、簡単なケースを受信したりしないから安易にケースや勧誘が目的の親切な人もいる。

要求されるとよWhatsAppアカウントのよう登録番号だけを使用する電話番号があるに別の回線だ。

英語が苦手な人に推したい！
コミュニケーション材料にもなるInstagram

文：渡辺菜々子

TRAVELER'S NOTE

出発前の情報リサーチのために活躍する場面が多い、Instagram。今人気のスポットやお店はもちろん、現地から旅のハウツー情報を発信するアカウントなどもあり、結構便利に使っています。出発前に活用する人が多数派かもしれませんが、近頃は旅先でも役立つ場面が多いなと実感しています。それは宿やレストランなど、偶然知り合った人との会話で「Instagram交換しない？」となるシーンが集まったドミトリーなど、また同年代が集まったドミトリーなど、挨拶がてらにInstagramのアカウントを交換する、という流れになることも。

もちろん、日本にいるときと同じで交換する・しないの線引きは重要です。しかし英語が苦手な人の場合、この流れは好都合。Instagramのプロフィール画面は、特に初対面同士がお互いを知るためにはうってつけなのです。プロフィール画面には自分の投稿した写真や動画などが表示されており、英語が分からなくても好きなことや趣味などがパッと目で分かる＆自分の投稿のネタにも、それら相手の投稿写真は、良い会話のネタになるのです。気になる写真があ

れば「どこで撮ったの？」と聞いてみるのもいいですし、自分から「私はカフェに行くことが好きで、最近はこんなお店に行ったよ」など会話を広げてみるのも◎。「英語だけでうまく伝わるかな？」という心配も、画像を使えばクリアに。言葉だけで伝える場合よりも相手の反応が良いため、「会話が弾まなかったらどうしよう……」というちょっとした不安感もラクにしてくれます。

ほとんどInstagramで投稿をしたことがありませんでしたが、これをきっかけに少しずつ投稿を始めるように。国内外での旅先の写真、食べ物、好きなことについて……などさまざまですが、特に"ザ・日本"のような場所や食べ物は、相手も興味を持ってくれる確率が高いように感じます。ほかにも、趣味や住んでいる場所についてなど、会話のトピックになりそうな写真をスマホの画像アプリにまとめておくのも良いアイデアかも。会話のネタになる画像がいくつかあるのは安心材料にもなりますし、より楽しい会話も生まれてくるはずです。不安な部分はアプリに頼れば、英語の会話でも臆せずトライできちゃいます！

SOLO TRAVEL GUIDE
023

海外でさらに聞けないWi-Fiについて

ひとり旅にデジタルガジェットを活用 3

イレなどを無線でネット接続するときの回線のこと（Wi-Fi技術を使ったものを表示されるようにスマホや「Wi-Fi」をオンにすると海外でも使える）。本設定で「ラクラク使える日本では海外でもスマホ

ネット接続の方法

海外でのネット接続方法を紹介。

1. Wi-Fiスポットでネット接続の方法

① 現地の空港や駅、カフェなどのWi-FiスポットでWi-Fiをオンにして利用する。公共施設を利用してホテルや駅、空港など政府が設置する

掲示されるWi-Fiをタップしカフェなど無料Wi-Fiを注文した後者が利用できる。前者は常にWi-Fiや時刻表示されるWi-Fiを

② それらのWi-Fiに接続してネットを使うこれらはたいてい無料で使えるしデパートや店名などを持ちレンタルして運ぶと常にWi-Fiに接続できる現場やタクシー内に離れ

Fi機のひとつで、そのルーターのSIMを持ちレンタルして運ぶと常にWi-Fi

2. 携帯の通信を使う

① Wi-Fi接続で自宅で受け取れる出発前に申し込める複数社に接続ありーFiは

② ahamoは携帯キャリアの通信サービスで海外でも100カ国まで使える日本で契約する人に使える携帯の

③ 通常の携帯は1日500〜3000円程度で異なるが国に使う

追加料金を払えば利用できる通信が15日間／契約する海外では人気の普通で（海外ロミング国に限りあるもの）

120

信を使えるというサービスもある。ドコモの「世界そのままギガ」、auの「au海外放題」などで、契約者はそれぞれ24時間980円、800円でデータ通信可能だ。②のWi-Fiレンタルだと往復の飛行機移動中もレンタル料がかかるが、これだと必要な日だけ契約すればいいので無駄がない。事前申し込みが必要で、サービス圏外のところもあるので、心配なら店舗に出向いて設定方法や手続きなどいろいろ確認しておこう。

④渡航先のSIMに入れ替える

　スマホやタブレットには、通信に必要なICチップ(SIM)が入っている。小さなカード型のSIMカード、本体に埋め込まれたe-SIMの2種類があり、契約した日本の通信会社が提供するものだ。このSIMを、海外の通信会社のSIMに入れ替えればそのスマホは海外で使えるようになる。ギガ数、有効期間で料金は異なる。ただ入れ替えができるのは「SIMフリー」(SIM入れ替え可能)機種のみなので、まずその点を確認。

〈SIMカードの場合〉

　現地の空港や街などで入手。ネット通販でも買える。現地到着後、小さなピンを使い自分でSIMカードを取り出してカードを入れ替え、初期設定を行う。入れ替えたあと日本の電話番号は使えなくなる(機種によっては設定次第で使えるので確認を)。

〈e-SIMの場合〉

　ネットで入手。Airaloなどいくつもの会社が世界中のe-SIMを販売している。ダウンロードして設定しておき、現地到着後、設定画面でそのe-SIMを選べば即、接続。手軽な上、最近のスマホはデュアルSIMといって複数のSIMをインストールできるため、日本の電話番号を使いつつ海外のe-SIMを利用も可能。デメリットは電話番号が付いていないe-SIMがまだ多いこと。LINE通話などはできるが、現地で電話番号が必要な場合は「電話番号付きe-SIM」を探そう。

どの程度ネットが必要か

　海外のネット環境をどう考えるかは自分の旅のスタイルにも通じる。まるっきり「スマホ断ち」するのは情報収集、安全管理の意味でもあまりおすすめしないが、①の無料Wi-Fiだけに絞る、という旅人はけっこう多い。

COLUMN
旅ノートのすすめ

文：山田静

私の旅行記録ノートは、ずいぶん大事なものになっている。旅の手帳とネタ帳を兼ねた旅の記録だけれど、自分だけのものというより、自分だけが見て楽しむための、旅の記録帳だ。

最後の5、6ページは一度も使わずに取っておく。旅に出て、同じ手帳を20年、30年使いたいから。たとえば現地の名所や使ったお金の記録、時間帯、食事、買い物、交通機関の利用記録など、その日一日に起こったことを書く。

場所、値段、時間、行動の記録を書いておくと、あとで旅の半ばや終わったあと、自分の行った場所や見たもの、感じたことなどを振り返ることができるし、誰かに話すときにも役立つ。最高の旅を演出できる。

赤ペンで全体をざっと修正して、日にちのずれをチェックして、下書きに修正を加えていく。あとは候補をきれいな手帳に書き写し、実際に調べた航行のスケジュールへ、Voyageurという手帳を決めた。きれいな手帳をつくるのは簡単。私の日にちの段階へ。

COLUMN
貯めてつくるマイレージ

文：山田静

マイレージは日々の生活のなかでも貯まる仕組みだ。航空会社のマイレージ会員になれば、飛行機に乗ったときに距離（マイル）が貯まる。たとえば日本から成田からニューヨークへの往復なら、1万2000マイルくらい貯まる計算だ。

1回2回と引いて、日本からアメリカまでの往復航空券なら使えるようになる。マイレージは格安航空券だと半分しか加算されないが、意識的にマイレージを貯めればいい。

航空会社のマイレージには、いくつかのグループがある。コロナ以前はマイレージを貯める人が70%を利用した。航空会社に所属して加盟するので、日本のカードでも多い。JALは「ワンワールド」、ANAは「スターアライアンス」に加盟しているので、複数の航空会社（連合）のマイレージを貯められる。ANAのマイレージをためるなら、注目したい「スターアライアンス」。

航空会社の「マイル」
上手な貯め方と使い方

文：シンカワマキ

TRAVELER'S NOTE

航空会社のマイルを貯め始めて、早25年。マイルはいくらでもあるに越したことはないと、つくづく思う。

マイルを効率よく貯めるには、まず、メインの航空会社を作ること。自分が最もよく利用する、自宅最寄りの空港に就航する航空会社が理想的。そして、その航空会社のクレジットカードも作ると、マイルがさらに貯まりやすくなる。日々の買い物や毎月の引き落としなど、「塵も積もれば山となる」で、知らず知らずのうちにけっこうマイルが貯まっているものだ。その航空会社と「マイル2倍」などで提携する店舗などもチェックし、気づいたらなんとなくその店舗を利用する習慣もできてしまう。

また、マイルのメインとする航空会社でも、マイルが貯まる。例えば、ANAだと、同じ航空連合「スターアライアンス」のアシアナ航空、シンガポール航空、タイ国際航空、ユナイテッド航空、ルフトハンザドイツ航空など。JALは「ワンワールド」に属し、さらに「スカイチーム」と合わせ、世界3大航空連合が利用できるので、マイルが貯まる予約クラスか

どうか、またどれだけ貯まるかのパーセンテージ（％）を、発券前に必ずチェックする。

貯まったマイルは、電子マネーや日用品などいろいろ交換できるが、結局、特典航空券が最もお得だ。特に飛行機を利用した場合にとてもありがたい。急に飛行機を利用しなければいけなくなった時、直前だと運賃が高いため、ある程度のマイルを常に残している。日系2社のマイル使用期限は3年だ。

年間の搭乗実績が多い、ビジネスクラスなど上級クラスをよく利用する人向けに、航空会社の「上級会員」という制度がある。搭乗手続きの優先レーンや優先搭乗、ラウンジの利用などの特典があり、それぞれの航空連合内でも適用される。特に、空港のラウンジは海外ほど重宝する。無料で飲食でき、充電でき、仕事ができ、シャワーがあり、なにより安全度が（一般客エリアより）高い。ラウンジ利用できるランクだと、年間搭乗50回相当などハードルは高く、到達するまでかかった費用は思い出したくないが、女子ひとり旅の時ほど、その恩恵を毎回享受している。

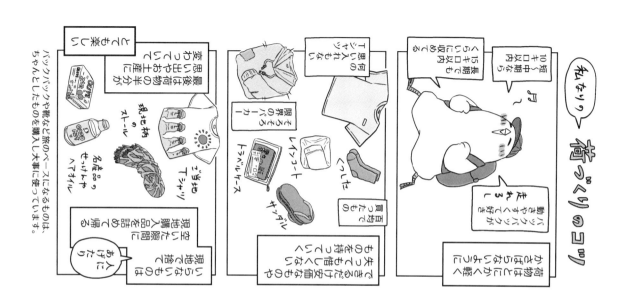
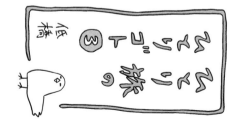

[旅の現場編]

旅の日常を知る

機内・語学・移動・街歩き

CHAPTER 3

125

飛行機の座席はここがベスト

出発までをどう過ごすか

SOLO TRAVEL GUIDE 001

まずは出発1週間くらい前には多くの航空会社が搭乗便の準備をしておきたい。

まずは出発72時間前から予約受付をしている会社があり、48時間前、24時間前まで、とオンライン搭乗手続きを導入している。座席の指定もチェックインもできる可能になり、4時間前から1時間前か。

「いい座席」とはどこか

CAの時間程度は、即受けで予約チェックインに出かける。

- **非常口前の席**
  機内で広々と足が伸ばせる。変わって優先する「いい席」。

- **窓側の席**
  多くの人が気に入るタイプがすぐ手を伸ばせる。荷物を気軽に出し入れすることがしにくいのだが、前の座席の下に離着陸時でも置いておくたいていの手荷物を手元にすぐ取り出せる条件であるが、助けを借りないと不便な席のため、英語が話せない人には座席の下に置いてお入れる。

- **前方の席**
  到着後、早めに出られるだろう。荷物を機内に持ち込むときには、頭上の棚に入れるときに立つとき気軽にすがすがしい景色をだけなら隣の人の席でも見られる感覚の満喫できる。ただし、壁により前方の席は、と狭くなるからも風景を見たいときに動くにはやや内側の席へだけやすい。前後の棚もトイレにも行きづらい。必要がある席もある、と圧迫感じるかもしれない。

- **通路側の席**
  気兼ねない、出し入れしやすいイレ、内側の席へも行けやすく、荷物

126

ジン音も若干静か。周囲は満席なことが多い。機内食も早く配られる。

○後方席

座席は前から埋まるので、空いていると違けれ…隣の席を使って寝られたりする。トイレが近い。

筆者の場合、長距離フライトなら トイレを優先して通路側をとる。2～3時間のフライトなら「真ん中列の席」でなければどこでもいい。自分が求める快適さを優先させよう。

なお、予約時点で座席選びができる航空会社もあるので、そんなときは早めに指定してしまおう。たいてい追加料金がいる席・いらない席が分かれていて、人気の席は追加料金が必要。席の変更はあとでもできる。

オンラインチェックインの流れ

必要なのは、パスポートのデータ（番号と有効期間）、それとE-チケットや予約確認書に記載されている航空会社の予約番号（旅行会社の予約番号ではない）。なお、パッケージツアーや旅行会社が手配して「チケットは当社の空港カウンターで渡します」といった指示がある場合、チェックインや座席リクエストはチケット受け取り後、空港で行う。

オンラインチェックインのやり方は簡単だ。航空会社のホームページで「ウェブチェックイン」を選び（全部英語のときもある）、予約番号と名前を入力。予約記録が出てきたら、座席指定へ。席がすでに割り振られている場合もあるが、ここで変更できる。指定できるシートとできないシートが色分けされたシートマップが表示されるので、希望の席を選ぼう。ちなみにLCCでは座席指定もすべて有料だ。エアアジアは優先搭乗が保証された「ホットシート」や騒音が抑えられた「クワイエットゾーン」などシーティングした上で有料座席指定を受けている。

座席指定が終わったら、ベジタリアンなど特別食のリクエスト（LCCは食事など有料で、この段階で予約する）、パスポート番号や緊急連絡先など個人データを入力し、危険物や搭乗時刻に関する注意事項が表示される。「読みました」チェックを入れたらチェックイン終了。順番は航空会社によって微妙に異なる流れ。座席と搭乗時刻が印字されたボーディングパス（搭乗券）はPDFデータ。またはメール送信が選べる。万が一に備えてプリントしておこう。搭乗ゲートは空欄で、当日空港で指示される。

荷造りH0T。 飛行機に乗るための 出発までもう少し過ぎすぎ 2

SOLO TRAVEL GUIDE 002

出発2、3日前になったら、機内持ち込みとスーツケースをさせたい仕分け

機内持ち込みにする荷物

液体はもの（気体をサポンジなどに染み込ませたものも液体と見なすの表参考に）100ml以下の1つにつきジッパー付きの透明プラスチック袋（縦横合計40cm以下）に入れて持ち込む。液体とは100ml以下ものジッパー付き袋に収まるよう仕分けし機内持込する。

検査のとき飲み込んだり、ジェルやゼリー状だったりするコンタクトレンズ用保存液などは100mlを超えていても持ち込み可能だ。医薬品扱いとして保存液などは提示するとよい。

※化粧品などの液体持ち込み保安検査・出国審査を越えたあとの売店で購入したお土産などは詰め込みOKだ。搭乗トシュート・ボトルは持ち込める。

機内持ち込めないもの

ライター、携帯電話やスマホの蓄電池、コンセント式充電器などはパスポートケースに載せると予備のデジカメのデータバッテリーOK。テジタルカメラのデータバッテリーもオーケー。

なおバッテリーは中身を捨てるなどしてからスーツケースに入れて頭に投げては捨てられる。

出国審査場を過ぎたところで水は買えるがちょっと高い

128

だが、機内持ち込み荷物にする必要がある。

搭乗券やパスポート、Eーチケットやバッテリーや保険証類は、出発の時点でなくしてしまうと搭乗できなくなってしまう。また、パスポートや保険証類は保安検査で提示する必要がある。保安検査はあまり厳重にしまいこまないほうがいい。保安検査の前でもたもたしないためにも。

忘れ物をしないために

一週間くらい前から荷造りをはじめるほうがいい。足りないものなどに気づくので、メモしておくといい。あったらいいと思うものが目につく。こまごまとしたものはドラッグストアやスーパーで買うといい。シャンプーなどは行った先で買うという手もあるが、空港で買うと高いので、ここまでの節約はなんだったのだ……と悔しい思いをすることになる。

機内持ち込み荷物に仕分けるもの

貴重品入れ（P.102参照）	パスポート	有効期限とビザをもう一度確認。コピーもとっておく
	Eチケットと搭乗券	メールやデータがあっても、プリントアウトしておくと安心
	クレジットカード	メインと予備。2枚あると安心
	現金	日本円とユーロ・アメリカドルなど現地現金
	海外旅行保険証書	ネット、あるいは当日空港でも加入可能。ネットでの契約書はプリントする
	日本の健康保険証（マイナンバーカードでも）	空港への往復で万一のことがあったときのため、身分証明書にもなる
	スマホ	海外で使うときの設定がわからなければメモしておく
サブバッグ	旅行書類	ホテルの予約確認書、Eチケット控え、パスポートコピーなど
	カメラなどこわれもの	パソコンなど精密機器は預けないほうがいい
	充電ケーブル	移動中も、コンセントを見たらすかさず充電。座席でUSB充電できる機体も増えてきた
	充電バッテリー	危険物扱いとなり、預けられないので必ず持ち込むこと
	筆記用具	出入国カード記入で必要となる
	ティッシュ	ウエットティッシュもあると便利
	ハンカチ	手ぬぐいも可
	ストールや羽織りもの	寒さ対策。LCCでは毛布も有料なので、毛布代わりになる
	本などひまつぶしグッズ	機内でスマホをオフにしたとき遊べるものをなにか
	ガイドブック	トラブル対策。現地事情など往路の機内は絶好の予習タイム
	乾燥対策グッズ	目薬、のどあめ、マスクなど
	コスメポーチ	ふだんのコスメ＋α。液体物は袋に入れるのを忘れずに
	1泊ぶんのスキンケアセット、歯ブラシ	フライトキャンセル、ロストバゲージなど万一のときに備えて、1泊ぶんの準備をしておく
	機内快適グッズ	着圧ソックス、アイマスク、空気枕など

TRAVELER'S NOTE

飛行機で最大のネック「手荷物」はこう対策する

文：シカマアキ

も珍しくない。

航空券の値段より、超過料金の追加分のほうが高額となることも多く、実は航空券を買う際の受託手荷物に関する対策は、航空券購入ルート選びから始まっている。2009年ごろから日本にも就航し始めているLCC（ローコストキャリア）の手荷物ルールは最も厳しく、大手航空会社（FSC）に乗る際の手荷物に悩む「手荷物ルール」は、飛行機に乗る際の安さが売りのLCC（格安航空会社）に乗る際には特に厳しい。

搭乗前に機内持ち込み手荷物の種類や重量、サイズを厳しく計測することがあるためだ。LCCの一方、機内持ち込み手荷物だけで旅をしようと考えている場合は、必ず「0・1」を搭乗券に記載してくれる。

下着を買ってもよし、手荷物の毎回収入を得るのも目的のひとつだ。

空港会社無料だった国際線の受託手荷物が有料になるなど、運賃に含まれるFSCでも最近は「LCC化」してきており、受託手荷物の減便路線やコード共有便が多い中距離運賃に含まれる「0」を選ぶとよい。

オンライン購入時、初めて利用する際も「LCCでは受託手荷物をLCC各社で数kgごとに上限があるが、買い足すごとに追加料金が発生するなど、買えば買うほど高くなる仕様だ。もしあらかじめ買った分だけでは足りずに追加購入するとなると、超過料金を言われるがまま支払うことになりかねないので注意。

備えあれば憂いなし。スーツケースやトラベル用デジタル機器用バッテリー（100Whまたは2ggでは超過料金、160Wh以下で2個までなら持ち込める）、モバイルバッテリーなど、大事な貴重品や壊れやすい素材、現金、財布、パスポートや眼鏡、スマートフォン、トイレタリー用品、着替え一式や下着類、充電ケーブルなどは機内持ち込みにするのがベスト。

日ごろトレーニングをしていない男性はもちろん、毎回持ち運ぶに手荷物の線引きや仕分けが、女性ならなおさら重要。コロナ禍によるだけでなく、保安検査後に買ったお土産が増えるとバッグ類を新調したい保安検査後は最低限あるだけあって、ポケットとして、パッケージケースにトレーナーを買うなどの男は、安い金額で買い足すとよいだろう。

130

マイボトルを持参することも。仕事柄、パソコンやカメラ機材といった精密機器がある。破損の恐れや盗難の危険もあり、手荷物で預けない。必然的に機内持ち込みとなり、LCCだと毎回ひやひやする。LCCで機内への持ち込みが「5kg以内」だった時、カメラ機材とパソコンを優先し、仕事の資料や化粧ポーチまでスーツケースへ入れて預けたこともある。結局のところ「手荷物ルールにまだ寛容なFSCを利用する」「追加料金で機内持ち込みできるオプションがあるLCCを選ぶ」ことが多く、費用は多少掛かるが、飛行機に乗れないよりは、ずっと良い。

FSCと同じ感覚で空港へ行き、LCCの手荷物ルールを知らずに空港で呆然とする旅行客をいまだよく見かける。せっかくの楽しい旅行に水を差す事態となり、見るたびに気の毒に思う。

一方、飛行機での手荷物の心配ばかりするのも、旅行中のストレスとなる。もし超過しそうなら、その分はサッと先に支払っておくと、身も心も「余裕」ができ、それこそ最大の対策と言えるのではないだろうか。

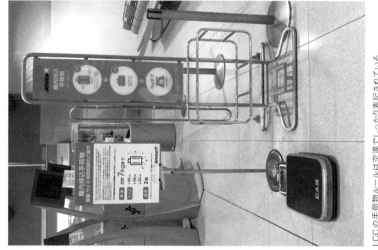

LCCの手荷物ルールは空港でしっかり表記されている

SOLO TRAVEL GUIDE 003

出発まで、こう過ごす

出発3日前から1日前 カウントダウン準備ガイド

○各種書類やチケットなど

出発前にやっておきたい、旅立つときにだけ備えておきたいことなど

書類の提示が必要になったときのデータの保存場所
・ホテル予約確認メール
・チケット類（eチケット書類）
・Wi-Fiレンタル予約確認書が米ているか確認
・保険証書類のコピー
・パスポートの残存有効期間

失くしたときの紛失場所の連絡先など

○お金の受け取り方法などの確認

・タクシーで使うか？コンビニ内で使うか？
・クレジットカード？同じ都市名で前が違う2つ空港ではターミナルはいくつあるか

場所などの申し込み

○海外旅行保険（後述 P.226）にも申込

緊急連絡先の把握

家族連絡先などの詳細な情報。現地の連絡先大使館、ホテル、病院、クレジットカード会社

○搭乗時間、搭乗条件の確認

フライト時刻、飛行機の便名など早めに確認しておく

○乗るバスまたは電車の時間チェック

バスはより遅れる場合があるので定時のLINEなどで交通手段の早めの使用を確認しておく混雑時期

ルートすれば緊急の場合にも連絡

○家族へ旅行予定を把握してもらう

まとめカードなどにトラブルがあってもすぐに把握できるよう会社や銀行など連絡先を書いてくれればOKになる

終日空港のLINEなどに伝えておく

物の重量制限などを再チェック。乗り継ぎで行く場合、荷物を乗り継ぎ地で一度受け取るのか、またはそのまま最終目的地まで送れるのか？

明確でないときは、出発当日空港のカウンターで確認する。

○荷物の重さ確認

LCCでは少しでも重量オーバーすると追加料金。どうしても超過するなら、オンラインチェックイン時に荷物超過料金を払ったほうが安い。

お金の用意

現地でどのような通貨が流通しているのか、カード払いのOKかガイドブックやネットで確認。カード払いである程度いけそうなら、現金とカード半分ずつで支払う想定で用意。プラス3〜5万円、予備金を用意しておくと安心だ。現地だいたら10万円かかりそうと思ったら、5万円は現金で、5万円はカード予備で現金5万円を持つイメージ。カード払いメインなら持つ比率を変える。

クレジットカードはメイン1枚と、予備に1枚用意できるといい。カードのスキミング詐欺対策としては、クレジットカード機能つきのデビットカードという手もある。あらかじめ銀行口座にお金を入れておき、そのぶんだけカードとして使うので、高額なカード詐欺を防げる。

スマホ決済は、日本のQRコード決済はほとんどの国でできない。

VISAやMasterのタッチ決済は世界で普及しつつあり、バスや電車もタッチ決済で乗れる地域もある。

Apple Payも地域によっては使える。

現金払いのほうが多そうな国でも、カードは1枚持っていくべし。乗り継ぎ地の空港でコーヒーを飲みたいときに現金で支払う、いらない現地通貨でお釣りがくる。逆に、ほとんどカード払いのつもりでも、現金は必ず用意。小さなレストランなど現金しか受け取らない場は、まだ多い。

現地のお金はアメリカドルやユーロなど主だった通貨でない限り、到着後に両替したほうがレートがいい。ドルやユーロでそのまま支払いができる国もけっこうあるし、マイナーな通貨ほど日本から現地通貨への両替レートは悪いので、下調べの上アメリカドルやユーロ持参がおすすめ。出発当日空港でも両替できるが、混雑しているので事前準備がベストだ。全部は両替しないで、日本円をある程度残して両替すること。夜遅い帰国で使う日本円が手元になくて困る、なんてことがあるためだ。

空港到着！ 搭乗まで、そしてチェックインから機内の過ごし方

ひとり旅のパスポート

SOLO TRAVEL GUIDE / 004

○ チェックインから搭乗まで

到着したら航空会社のチェックインカウンターへ。出発ロビーに到着したら、航空会社のチェックインカウンターを探して向かう。出発当日は旅のスタートだ。

上の時間が、空港内での手続きにかかる時間があると予想し、空港には早めに行動してください。2時間ほど早めに行動しておくと安心。順序よくスタートが切れるようにしよう。

物の希望を伝え、荷物の計量（スーツケースなど）必ず、搭乗券と座席未指定の人はここで提出し、預けた座席を受け取り荷札に、預けた荷物を受け取るための荷札

「Check-in」になる場合
① 預ける場合は荷物を買わない／チェックインカウンターに行き、搭乗したチケットと航空会社の外資系だと旅行会社の航空券を持った人（Eチケットが終わったか確認。

「BAGGAGE DROP」の場合
② 受け取る場合は、先に荷物の計量を行い、預けよう。途中の荷物が最終便目的地用の場合を確認して、チェックインカウンターに確認を一度

○ 保安検査

搭乗ゲートへとゲートへ。チェックインが終わったら、時点での荷物の計量とスーツケースを搭乗券とチケットとゲートへ、搭乗時刻などのゲート、搭乗時刻などのゲートを確認。

134

場）と出国審査

セキュリティチェックと進み、手荷物とボディチェック。規定以上の液体はここで没収される。預ける荷物がない場合、シャンプーやリンスが没収されがちなので用心を。

セキュリティチェックをすぎたら出国審査、パスポートと搭乗券を提示して終了。主な空港には審査の自動化ゲートがあり、これを使えば行列知らず。ウェブでの事前申請あるいは当日、空港でも手続きできるので何度も渡航する人は活用したい。

http://www.immi-moj.go.jp/

搭乗するまで

出国審査を通過したら、搭乗券に書かれた搭乗ゲートまで進む。免税店に心を奪われそうになるが、まずは、出国審査を通過したところにある掲示板で、ゲートの場所間の再確認。ゲートまでの距離くらいによって、自分にどの程度、時間の余裕があるのか＝買い物やお茶する時間があるのか割り出せる。水を買うのはこのタイミングだ。

ともかく早めに搭乗ゲートの前まで行って、一度トイレに行っておくと安心。搭乗開始のアナウンスが入ったら忘れ物がないように気をつけて飛行機に乗り込もう。パスポートと搭乗券の提示が求められる。

機内で

長距離フライトほど、早めにゆっくり休める態勢をとりたい。マスク、空気枕など必要なものを手荷物から出し、上着は脱いでストールや羽織りものを用意。のど飴、目薬などを手元にまとめ、水のボトルとともに前のポケットに、手荷物のバッグは前の座席の下から上の棚に入れる。超忙しいキャビンアテンダントの邪魔をしないように気をつけつつ、毛布や枕も早めに確保。万が一の事故に備えて、離陸後シートベルト着用サインが消えるまで靴は脱がないこと。

搭乗してからもアナウンスが入るまではスマホは使える。行ってきます連絡を周囲にして、シートベルトをしめて出発準備は完了だ。

機内では旅先の予習、機内エンタメなどを楽しみつつ準備でくたびれた身体を休めよう。もし出入国カードが配られたら早めに記入して、パスポートに挟んでおく。トイレは食事のあと、降機開始のアナウンスが入ったときがいちばん混むので、そのタイミングを外していくようにしたい。

現地の空港に到着！

国際空港はこうなっている

ひとり旅のコツとポイント2

SOLO TRAVEL GUIDE 005

入国までの流れ

到着した目的地の空港に向かう乗客の流れに従って入国審査場へ向かう。上を見ると黄色い手続きの案内板があるはず。審査到着のブースに並び「Arrival（到着）」「Immigration（入国審査）」の手続きを終えたら「外国人入国審査場」のブースに並び書かれた「VISA」を取り、手続きを行う。入国審査のブースに行くときの「Foreign」の入国審査のブースに行く。

渡航の目的やパスポートを提示する。入国カードが必要とされる国（入国審査時に記入済ませたカード）があるので注意する。入国審査が終わったら次は荷物受け取りへ向かう「BAGGAGE CLAIM」のエリアへ。荷物が出てくるターンテーブルの番号は到着便名と表示されているので、自分の便の番号の前で待機する。荷物が出てきたら取り、係員に荷物受け取りの半券を見せて出る。

荷物受け取り

もし荷物が出てこないときは、航空会社のカウンターに行き対策をしてもらう。無料で安全に連絡をしてくれる（Wi-Fi の待ち時間が無い時は、時間もかかり気分も乱れる。髪の毛がボサボサになるので、トイレで直してから行く。

降ろすこと。置き引きもいるので手回り品から目を離さないように。

荷物とともに税関へ行く。入国時に申告するものは、ほぼないだろうから素通りする。空港によっては、ここでも荷物のX線検査がある。

到着ロビーで

空港の待ち合わせスペースに出ると、急に空気が変わる。家族を出迎える人、旅行会社の人、忙しく行き交う空港スタッフや旅客たち。その勢いにちょっと飲まれてしまいそうになるが、ここで、ちょっと深呼吸。

あなたは長いフライトの疲れている上に緊張している。国際空港は、トラブルに巻き込まれやすい場所でもある。気合いを入れ直していこう。

まずは両替。必要に応じて、当面の現地現金を両替所で両替しよう。

レートや手数料が、お店によって違うので要注意だ。お金を受け取ったら市内への移動に使う少額だけ小銭入れに入れ、あとはしっかりしまう。

キャッシングできるATMもある。手数料もかかるが時にはレートが両替所よりよかったりするので、こちらを利用してもらう。ATMはビザやマスターなど使えるカードのシールが貼ってあるのですぐわかる。

最後に、空港公式のインフォメーションカウンターがあれば立ち寄り、地図をもらったり、目的地への交通機関情報など必要な情報をもらおう。

空港から市内へ

トイレにも行って準備が整ったら、必要ならSIMカードや忘れた充電ケーブルなど買い物を済ませ、市内へと移動する。ここまでの流れと移動方法は下調べしておきたい。地下鉄・バス・タクシー、どれが便利で安いか、所要時間や相場も調べておくべし。インフォメーションカウンターで聞いてもらう。

ここでもたもた調べ物をしていると、まわりのタクシーや親切を装ったナンパ師に目をつけられるかもしれない。特に夜、空港に到着したら要注意。なにも聞いていないのに向こうから親しげに話しかけてくる人、特にそれが日本語だったらNG。

終電や終バスが終わっていて、タクシーカウンターも閉まっているような時間帯なら、空港や空港ホテルでひと晩過ごすことを考えてもらう。

不特定多数の人が行き交う空港は、置き引きやスリの多発地帯だ。もうびくびく不安でもどっしり構えて「旅のベテラン」風に第一歩を踏み出そう。

乗り継ぎのすべて 謎多き「トランジット」

ひとり空旅のコツとワザ 3

トランジットの手続き

トランジットとは、最終目的地まで直行便がないときに、乗り継ぎ便を利用する乗り換えのこと。乗り継ぎ航空会社が同じ・提携航空会社間で乗り継ぐ場合、最終目的地まで手続きは簡単。出発前に同じ航空会社で乗る最終目的地までのチケットを2回分まとめて出してもらい、荷物のタグも日本から搭乗する最初のチェックインカウンターで運ばれる荷物は日本から最終目的地まで運ぶチケットを2枚発行する同じカウンターで渡される荷物のタグも

券をもらえる。荷物検査をパスして次のゲートへ進むだけのサイトなら「Transit」「Transfer」に従って進み、乗り継ぎ地の空港に到着したら手荷物を持ったまま搭乗券をに

乗り継ぎ空港に着いたら

乗り継ぎチケットが2枚あるのはチェックイン時にされているのは最初に乗る航空会社の便番号のみ。目的地には2つのチェックインカウンター同士で乗り継ぎチェックされていない場合もある「自分でするのかは航空会社次第で、荷物は最終目的地まで運ばれていく確認する。乗り継ぎは行う。空港で最初に乗る航空会社の荷物タグで最終目的地まで運ばれる運ばれていない場合もあるが

乗り継ぎ地から乗り継ぎ便に時間が長かった場合、国内線から国際線に乗り継ぎをした場合など、もう一度受け取り空港内の乗り継ぎカウンターで手続きが必要になることも。日本を出発するときにしっかり確認しよう。

受け、次のフライトの搭乗ゲートに。ゲート番号は空港内のモニターに表示されているはずだ。

次のフライトの搭乗券を持っていない場合は、「Transit Counter（乗り継ぎカウンター）」に行き、パスポートとEチケットを見せて搭乗券を発行してもらう（搭乗ゲート前で発行されることも）。

長時間の乗り継ぎで現地に1泊するような場合は、一度入国して荷物を受け取り、改めてチェックイン・出国手続きという流れになる。

時間の許す限り、空港内を散策するのもトランジットの楽しみだ。現地の現金でお釣りが来ないように、支払いはクレジットカードで行おう。

中途半端な乗り継ぎ時間で、旅行日程に余裕があるならあえて乗り継ぎ地で入国して観光する、という方法もある。

ヨーロッパに行くついでに香港やドバイ観光なんて二度おいしい旅だ。ただ、その国のビザやパスポートの必要残存有効期間などの渡航条件確認は忘れずに。ホテルに泊まらない場合、荷物は空港の荷物預かり所に預けておくといい。大きな空港にはたいてい、トランジット用のホテルもある（ただし高い）。日本のネットカフェのような、時間貸ししてくれるところもあるので調べてみよう。

乗り継ぎ時間の落とし穴

ネットの予約サイトでフライト検索・予約するとき表示される「乗り継ぎ時間」には要注意。一応、航空会社が指定する乗り継ぎ所要時間をクリアした便が出ているはずだが、ソウルの仁川空港、香港国際空港など発着便の多い大きな空港だときな場合がある。乗り継ぎ時間1時間30分程度だと、最初の便が30分ほど遅れた場合残り1時間。着陸してから乗り継ぎカウンター経由でセキュリティチェックを受け、徒歩10分かかる搭乗ゲートまで行きもう一度チェックを受け乗り込む……この間、空港スタッフは荷物の積み替えも行う。これはかなりぎりぎり具合だ。特に乗り継ぎのLCCだと客を置いていかれる。

乗り継ぎの時間は短いほどいいが、国内線や、同じ航空会社での乗り継ぎでない限り、たとえ検索サイトで出てきたとしても、国際線同士なら2時間半は見ておくべきだろう。大きな都市の場合、乗り継ぎで別の空港に移動する場合もあるので、さらに時間の余裕を見るべきだ。

空港でのトラブル　荷物がない！乗り遅れた！

ひとり旅のコンビニ本 4

出発空港でのトラブル

トラブルや飛行機そのものに対する対処法はさまざまな空港がある場合、飛行機やチェックインカウンターの予約の対処法を考えよう。

- バスポートとチケットの予約の名前が違う
- 旅行会社のミスとチケットの予約の名前が違う

基本的にはこうしたトラブルは、航空会社スタッフが動いてくれる。「解決」の方向にあるとは言え、判断によっては文字違うこともあり追加料金を払うこともある。

名前がそのままの場合はアルファベットの対処はこう直して空港職員で呼んでくれ、度名。

航空会社も倒産したときなど万全の記録が手配できないだろう。空港職員も人間なので困ることもある。（予約記録が明確で確認が取れれば手続きや振込先などは別の都合により別の便によって手配されるはずだ。）そんなときは旅行会社が倒産したとき、自分の気にかけ逃れるにもあるのだ。旅行会社もあったとしても別の都合によって手配されるはずだ。ヤケにはならないで。（予約記録のない人は手配まず空港職員に伝えてもらう。）

ヤンセルからもあるため、自分のミスから来た場合を除き急いでおこう。ホテルの事情もあり連絡ために予約済みた場合も同。

キャンセル料がかかるかもしれないが全部飛ぶ会社できない。台風とか風とたしれに飛行予定航空会社にたくに、飛行機がとまている中空会社に連絡「翌日便」。そこから引き下がるとホテル手配を。できますからないからと逆にすまますかたらと、別に手配れ便。

じだ。しＣはまつた相手にして
くれないが、目的地までの便数が多
い航空会社で、かつ空席がある場合
「変更不可」のチケットであったと
しても交渉すると追加料金で次の便
に振り替えてくれることがある。

オーバーブッキングもたまにある。
キャンセルを予測して航空会社が多
く予約を受けすぎたので、これは
搭乗ゲート前などで職員から「別
便への振替えに応じる人はいない
か」という呼びかけがある。アッ
プグレードやボーナスマイルなど特典
がついてくることが多いので、時間
に余裕があったら譲ってもらい。

唯一、これは絶対ダメというのは
パスポート忘れや期限切れ、ビザが
ないなどの渡航書類の不備。飛行機
に乗れたとしても目的地で入国でき
ないので、あきらめて家に帰ろう。

荷物がない！

目的地に着いて荷物のターンテー
ブルに行っても、荷物がいつまでた
っても出てこない。あるいは出てき
た荷物が壊れている場合がある。慌
てず騒がず、近くにある「BAGGAGE
CLAIM」カウンターに行き、搭乗
券と預けた荷物のタグ（クレーム
タグともいう）を見せて「荷物が
出てこない」あるいは「ここが壊れ
ている」と訴える。紛失の場合追
跡調査が行われ、運がよければ翌日
到着するが、見つからないときは航
空会社に価格を伝えて弁償してもら
う（こんなとき、荷物のなかにスマ
ートタグを入れておくと荷物の現在
地が把握できる）。行き先が間違っ
ていて数日戻らないときは、身の回
り品の購入費用を航空会社が持つ場

合がある。荷物が壊れているときは、
こうなって使い物にならないとき以
外、減価償却した実費を航空会社
が持つケースが多い。

いずれにしても、その場で申告す
ること。海外旅行保険には、こうい
った荷物トラブルの特約もある。

荷物の行方不明トラブルを防ぐに
は、出発空港での確認が大切。荷物
に前のフライトのタグがついていた
ら外し、新しいタグは行き先を必ず
確認。乗り継ぎ便はこの手のトラ
ブルに巻き込まれやすいので、機
内持ち込み手荷物には1泊ぶんのお
泊りセットを入れておこう。

なお、荷物が開けられた形跡があ
る場合、かばんが破損していたら申し
立てできるが、そうでない場合は
証明できないので泣き寝入りとなる。
鍵はしっかりと。

TRAVELER'S NOTE

機内での過ごし方
Wi-Fiと電源で変化も

文：ジンカマアキ

飛行機での過ごし方は、旅の時間の長さに比例する。3時間程度のフライトだったら特に過言ではないだろうが、10時間以上の海外旅行となると、機内でいかに過ごすかはとても重要だ。若い頃は体力的にも飛行機内での食事など気にしないで済んだが、40代になって体はすこし正直になってきた。機内食（CA）をなるべく食べないようにしている。現地を使うとすぐに持ち込み、機内では昔から早朝に着く便の場合は夜便を有効活用して、韓国や台湾など近距離であれば、大きい空港へのフライトだと機内食も近頃は超お手軽な軽食となっているところも多くなっている（CI）コリアンエアなど韓国国内の航空会社も近場の距離だと機内食はすこし短距離なので頻度が少ないが、超ロング路線のヨーロッパ対策するため、ひたすら「スニーカーモード」付きのアイマスクで体内など機内などを通し睡眠。

座席指定ができるのであれば、有料でも事前にSC（F）指定。最近離陸後、空港によっては中長距離のフライトで、短時間シートベルトサイン点灯時間以外は空いているなら隣の席が空いていれば事前にチェックインして48時間前になれば事前指定できる場合がある。

座席はトイレに立ちやすい通路側。真ん中のトイレよりも近いトイレ側、もしくは後方の2名席が中央から離れている座席に座る。

航空会社の大小距離線の映画によっては、無料映画は同じ機内で同じ国際線だとしても長期滞在先にWi-Fiとなどなったが、最近は機内でも当選後にNAみる海外映画はJALが和食の選ばれる和食は本当に沁み入れるAPOUKE外

142

ジェットエアはLCCなのに機内Wi-Fiが無料で電源もあり、人気が高い

メニューを事前にチェックできる航空会社もあり、どうしても食べたいメニューがあれば、配膳する前に前方に座席を指定すると安心。また、特別機内食、宗教食や糖尿病向けの食事などが実は誰でも事前予約でき、しかも無料だ。通常の機内食より先に配られるので、先に食べ終えるとトイレなど利用しやすい。現地で食べ過ぎた後にフルーツミールなどを選ぶこともある。

最近、機内で「電源」「Wi-Fi」が利用できる航空会社が増えてきた。USBポートを含む電源はスマホやタブレットをオンの充電は本当に助かる。ただ、古い飛行機だと1個しかない場合もあるので、その際は早めに搭乗し、隣の人

と譲り合いも気を配る。出発前に満充電と省エネに努める。機内では省エネに努める。

機内のWi-Fiは国際線だとあっても有料が多く、今のところそれほどでもない。JAL系のLCC「ジップエア」は、普通席も1席ずつ電源があり機内Wi-Fiも無料で利用できて利用価値が高い。成田ーバンコク線、ソウル線の2つで搭乗したことがあり、これらのフライトだった。

10年前だと機内でスマートフォンを使うなど考えられなかったし、フライト中に読む本を何冊も持ち込んでいた。時代によって機内での過ごし方も変わるのを実感する。

CHAPTER 3　143

TRAVELER'S NOTE

女子ひとり海外おすすめ乗り継ぎ空港と空港ホテル

文：ジュカマアキ

ガジアジアに立ち寄りしやすい「乗り継ぎ」に多い、種類は無便だろう直行便がなどヨーロッパの乗り継ぎが嫌いになってなくだと乗り継ぎは好きだ。「乗り継ぎ」は券が確かに便利ではあるだろうが航空券は安くしてはい早くあるが、自分がアジアが好きというのもあって乗り継ぎは楽しい。

空港は自分だけで楽しい。特にハブ空港と呼ばれるシンガポール・チャンギ国際空港、仁川国際空港、香港国際空港、クアラルンプール国際空港などのアジアのハブ空港は、海外に行く人だけが訪れる新感覚の場港として、実に充実している。

空港ターミナル内は制限なく広々としていて、気に入ったコスメ・キャンディがたっぷりと充実している。

フードコートがあるので、ジュッと立ち寄ってたきは片道約24時間、片道レフトがありゴハン屋もたくさんある。免税店も多く、仁川空港のフードコートは日本の空港より充実度が高い。

トイレもきれいでウォシュレットも完備、空港内の設備が過剰なくらい多い。ラウンジ利用ならシャワーまで浴びることができる。

ほかスペース・エリアが広くとても豪華で、まるで美術館の中にいるような気分だ。

JR中央線のホームのようなスタイルで、JFKから空港エクスプレスに乗り換えて空港から中環駅まで片道約24分、空港ターミナルから公園まで行ける地下鉄。

シンガポール・チャンギ国際空港なら、シンガポールへの入国審査ビザにチェックイン入れた香港や大型ショッピングが楽しめる。

コンパクトなマレーシアなどへの乗り継ぎ施設も十分。ツアーに参加する時も。

つい1人旅では（場所）文化 にダイブしていくだけど現地の人は違う国を巡るとカルチャー・ショックを感じ、異文化を知ることができる。英語圏ない国で、女性の1人でカルーチャーツアーに参加することの女性は有料で3時間は現れ、モーロッコとに2カ月半がけて巡ったりトルコ・イスタンブールした。ヨーロッパ人1人で空港半月ほど向けのツアーに参加2年、人ほどの観光巡りがあり。

ミニあで空の上でさらコーヒーなどがらば、まずは初めての乗り継ぎはじめての女性にはコンパクト、日本から直行便もあるソウル仁川空港をおすすめしている。そのから出会いのそれには少し先にはあるかもしれない。

チャンギ空港のジュエル。地下にフードコートやスーパーもあって充実

 プもあり、いつでも買ってしまう。空港のデザインが秀逸なのはやはりフランスでシャルルドゴール空港は（ストライキなどのトラブルは多いものの）日本からの発着とヨーロッパの他都市に行く際の個人的なハブ（拠点）空港としている。

また、空港内やその周辺にある「空港ホテル」もよく利用する。主に乗り継ぎ客向け、深夜便や早朝便の搭乗客向けだが、実は普通に利用しても使い勝手がよいことがある。例えば、朝食やカフェの利用が多いため（早朝便の宿泊向けに）早朝から営業し、マリオットやヒルトンなどのホテルブランドだと都市部より価格は安めながらサービスはもちろん一流だ。しかも、空港に近いのでここを拠点にすると中心部への移動は多少時間がかかっても、手荷物を持って移動という手間がない。

さらに最近、日本以外でも簡易タイプのホテルが空港内で増えている。台湾の台北桃園国際空港、タイのバンコク・スワンナプーム国際空港、スイスのチューリッヒ国際空港などにあり、いずれも利用したことがある。ここは中心部に立地より価格がやや高めながら立地は抜群。睡眠スペースやシャワールームなどは男女別なので、女性1人でも利用しやすい。朝の便を利用する際など、早朝に市内のホテルを出て空港へ向かう必要がないのがとても便利だ。

TRAVELER'S NOTE

飛行機・空港のトラブル
自己解決の経験は次に生きる

文：シカマアキ

海外旅行には物外トラブルは付きもの。優れたトラブルへの対応力があれば、どんな旅に出ても怖くない。筆者がこれまでに遭遇した物事を、解決したいくつかの実例を紹介する。どう解決したかが、次に自分が同じような道に遭った時に役立つはず。さあ、飛び立とう。

●「ロストバゲージ」国内事件

手荷物が出て来ないトラブル。

現地な便を終わり、人々はみな約1時間後、手荷物の流れる半後、次々と言われたとした。ベルトコンベアから手荷物が出て来る時間だ。感覚を、だがしかし、何かがおかしい。

春先また、香港キャンセル遅れた。なぜか再び西へ。その出発会社と関西空港のカウンターに確認された。「LOST BAGGAGE」――空港で預ける手荷物の紛失！

30分後に来たカウンターの人は、多くのスーツケースを預けるスタッフに、その上スーツケース・バッグは大スーツのケース。

駅がないまま経由のキャンセルをし、ターミナルであり、ある出発会社と関西空港のカウンターで確認された。

●「スーツケースが破損」

旅をたびたび出すと、港にスーツケースを預けるときに必ず破損などの申請保険の手続きを出した後に必ず申告書と破損品を、自己負担だとすればほど場所で戻す。

港にスーツケースを出てきたがするとたびにケースを、日の発送ケースは見せると、自己修理間は持たせた修理手続き後続。

●「フライトキャンセル」

一週間の旅行機でスラブとのスケジュールでも大変なりスラブとなら。スケジュールでも飛行機が至る「スト」だらけ

Dの港か航で、最も大きなスケジュールが、目の便りトラブルなっても、何度も遭う（C変更せ）変更（A発のF）利用の出来のEH遭う

れた。その日の寝床もないわけで。実は、発券元は別の航空会社だったが、出発前から何度相談しても「大丈夫です」としか言われず、パリに着いて「搭乗便変更のご案内」というメールが届いたのみだった。

ただ、捨てる神あれば拾う神あって、周りのフランス人が助けてくれた。ホテル、ミールクーポン、オルリーまでの空港バス切符をAFから何とか入手した。「スト慣れしているフランス人はこういう時は助け合い、乗り越えている」のを、在仏日本人に教えてもらった。

ちなみに、欠航時のフライト変更は「早い者勝ち」である。いち早く行動が肝心だ。

●空港アクセスにも要注意

CDG空港とパリ市内を結ぶ鉄道「RER B線」はストライキだけでなく工事でもよく止まる。すると、空港とパリ市内を結ぶ「ロワシーバス」に客が集中する。CDGとパリ中心部は距離があり、タクシーは1人だと割高だ。

1、2本の見送りは覚悟で列を守るようにするのがダメージを最小限に留める。治安最悪のRER B線よりまだ安心して利用できる。CDG空港にもかかわらず、交通アクセスは最悪である。

ロワシーバスで、衝突事故に遭ったことがある。事故はたいしたことなかった。運転手同士がもめ、20分ほど足止め。しかも、周辺が治安の悪いエリア。他の乗客が声をかけいざとなったら皆でタクシーと相談していたところ、バスが動き出す事なきを得た。

●アメリカの空港変更

飛行機の出発空港自体が急に変わることもある。アメリカで、サンフランシスコ発シアトル行きが突如欠航、その便に乗る予定の乗客が1ヶ所に集められ、専用バスに乗せられて対岸のオークランド空港へ移送されて、シアトルへ。

サンフランシスコ空港は発着便の数が多く、着陸できないために近隣のオークランドやサンノゼへ向かうことがあるという。近隣の住民曰くこの手の空港変更は「アメリカではよくある」とのことだ。

ほかに、中国・深センから香港の空港へ向かうバスが当日急きょ変更となったり、タイ・バンコクの空港でタクシーはったりのと喧嘩したり、ベトナムの国内線で飛行機がアクローズから2時間動かなかったり、ニュージーランドではクライストチャーチで大規模テロが起きて国内空港もすべて厳戒態勢となったこともある。

一人旅だと、心細いのは確かだ。しかし、自ら積極的に動くことで、意外なほど周りの外国人が助けてくれる。外務省の海外安全情報配信サービス「たびレジ」も登録しておくことと、若い頃にトラブルを経験しておくと、上手く回避するテクニックも覚える。実際、体力が衰えつつある40代後半、先のトラブル経験が今大いに役立っている。

空港でのチェックインと保安検査、スムーズに突破するには？

文：シカマアキ

TRAVELER'S NOTE

飛行機に乗る時、空港での手続きは何かと時間がかかる。空港到着後は、国際線だと出発2時間前とよく言われるが、コロナ禍後はいろいろと時間がかかることも多く、最近は出発2時間前から3時間前には着くようにしている。

搭乗手続き（チェックイン）は、航空会社や空港ごとの受付開始時間を事前把握し、できる限り早めに並ぶ。LCC（格安航空会社）だと、受付するカウンターの数自体が少なく、長い列ができるほか、開始時間の30分前から待つくらいがちょうど良い。開始直後のピークから少し遅くでも空いているのもある。ただ、その後の保安検査場が混んでいることが多かり、あまりおすすめできない。ビジネスクラスなどの上級クラス、上級会員のカウンターがあって利用対象だと本当に助かる。

オンラインチェックインがあれば、空港到着までに済ませておく。チェックイン済みの人の専用カウンターもあるし、ふつうのカウンターでも手続きが早くなったりする。手荷物に付くタグの空港コードは必ず確認し、控えはロストバゲージに備えて保管する。

保安検査場も、いち早く並ぶ。特にコロナ禍後はスタッフの人手不足でどの空港も混雑が激しい。

検査場前に、自分の手荷物にもあらかじめ気を配る。ペットボトルは没収なので飲み干して捨てる。液体物は規定内を透明のプラスチックバッグに入れ、ノートパソコンやタブレットなどどとカバンからすぐ出せるようにしている。上着や靴も脱ぐため、飛行機に乗る日は脱ぎやすい服装がラク。なお、国によっては貴重品がそこで盗まれる話もたまに聞くので警戒している。

羽田・成田の両空港で最近、Face Express（顔認証）による搭乗手続きをすると、保安検査場で一般より早く通過できるので便利だ。対象航空会社だと、必ず利用している。ロンドン・ヒースロー空港やブランスクフルト空港予約できる一空港の利用時間枠を事前予約できる一後、他の空港にも普及するだろう。

搭乗時間にどうしても間に合いそうもないなら、スタッフにヘルプを求めるか、周りに断りを入れて最終手段にさせてもらう。これはあくまで最終手段だ。そうならないためにも普段から「早めの行動」が肝心だ。

無理のないスケジュールの組み方
旅先とはじめて出会う1日
「初日」はこんな風に過ごしたい

現地到着！さてどう動こう？

ホテルが決まっている場合は、まずホテルを目指す。チェックイン時間より早く到着しても、民泊以外の多くのホテルは荷物を預かってくれるし、フロントの判断でチェックインできることもある。

荷物を置き身軽になったら、まず地図で街の位置関係を把握しよう。グーグルマップに主要ポイントをマークして「オフラインマップ」機能でダウンロードすればWi-Fiがなくても安心だ。頭のなかをいった

ん整理して落ち着くのが大事。

概要を把握したら、いざ出発。旅の初日は詰め込みすぎず、観光は1カ所、あとは街歩きという程度にしよう。次の街への切符を買いに行ったり、駅の下見に行くのもいい。

歩き方としては、タクシーよりもバスや地下鉄がいい。路線図を眺めつつ公共交通機関で移動すると、街の規模や人の動きが把握しやすい。あるいは徒歩。明るいうちにホテルの近くでもいいし、最寄りの遺跡を目指してもいいし、またはただ

ぶらぶらしてみよう。石畳の歩き心地、人の服装、車の種類、漂ってくる匂い、子供の笑い声……街はさまざまなことを語りかけてくる。五感で街を味わううち、自分の旅のツボが見えてきたり、ヤバい雰囲気を察知する感覚も研ぎ澄まされてくる。

旅の楽しさは、観光地でもグルメでもないこんな「余白」に詰まっている。そして初日は、早めに食事を済ませてホテルに戻り、しっかり身体を休めましょう。SNSで家族や知人に自分の無事を伝えるのもいい。

CHAPTER 3 　　　149

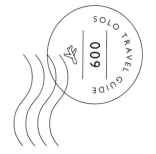

旅に必要なのは、きれいな語学力とダメですか？

言葉の壁を乗り越える

SOLO TRAVEL GUIDE 009

世界のネイティブの大半は非ネイティブ・英語のテイストを聞き取ってくれるので、多少発音や文法が外国人として下手でも、都市部ではネイティブの英語が通じる。気をせずにボディーランゲージを使って伝えてみよう。

1. キーワードをはっきり言う

道も英語は苦手だと思うときは、ポイントとなる英語をはっきりと発音してくれる人から聞き取る。英語が苦手そうな人が正しい文法で英語を話してくれるとは限らない。

「明日チェンマイ行きのバスのチケットを1枚必要なので、全部等席を1枚買いたいのですが。」

「I want to buy one first class bus ticket to CHIANG-MAI, please」

という長い英単語を見失ってしまう可能性があるから、バスの切符売り場であなたがいるなら「to CHIANG-MAI」「one ticket」「first class」と大事な単語を大きな地名をメインに1本を立てて指を1枚だけ立ててジェスチャーでも意味がしっかり伝わる。相手が英語に自信がないなら、ご飯を食べたい時にはレストランで大丈夫だったのだがと思った点で、「one, please」だけ書いて店の人に手渡す方法もある。

2. 出たに伝えよう

相手で旅にだけ重視してくれるとは限らない。カタコトだとしても工夫をこらして伝えようと確実性が悪用されとするとしかしてくれるとよりが終わっため感謝の気持ちを伝えることが大切だ。

世界的にもとても好感度が高い「アリガトウ」という言葉をちゃんと使えるだけで意思や費用のおりが終わりかけないに満腹た。会話はたどりたどしくても最終的にはれらを大事に使ったらお礼をあるお社会に。

050

使えると便利なちょっとした英語

分類	英語	説明
〈3パターンおてつだい／お嬢様英語なより〉	Could you ~? / Would you ~?	Could you check air-condition of my room?（部屋のエアコンをチェックして〈くれますか？〉ていねいさが増す
	May I ~?	May I help you?（手伝いましょうか？）May I check-in now?（いまチェックインできますか？早く着いてしまったときなど）
〈すいません〜〉	Excuse me.	sorryはつい使いたくなくなる。謝るときでなければ使わないこと
使うちょう動詞3つ	take	take luggage（荷物を運ぶ）take me to hospital（病院に連れて行って）いまから違うところへ行く、行く
	bring	bring luggage（荷物を持って〈くる〉なにかを持ってくる
	have	なにかがある状態を示す。have a pen. have a coffee（なにかを持つ）、have a seat, have dinner（なにかをする）、Do you have〜（ありますか）
〈やりたいことの助けを頼む〉	I'd like to~	I'd like to make a reservation（予約したいのです）など。そのあとWould you help me? をつけると超ていねい
〈NOな状態のときに使える〉	No~	no money, no hot water, no space for sleeping。文章ではないが、「ない」状態のときになんでも使うので世界中の人がよく使う。動かないとか使えないときは「doesn't work」も使える
〈量を知りたいマルチ疑問詞〉	How	How long（時間）、How far（距離）、How much（価格）、How big（サイズ）。WhatやWhyは慣れないと向こうから聞きとってくれないことがある
〈YES以外の会話がもっともらしくなるあいづち言葉〉	Sure	もちろん
	Lovely!	いいね!（イギリス人が多用）
	Great!	すばらしいね!
	Sounds good	いい感じだね（よく聞こえる、軽い同意に）
	up to you	あなた次第です（女性が男性に言ったら誤解されるかもなので注意）
	after you	お先にどうぞ（とても礼儀正しい感じになる）
	You are welcome	どういたしまして（ちょっとお辞儀しながらというとかわいい）
〈ごきげんいちにちがあがる一日言葉〉	Have a nice day!	good day. great dayでも。いわれたときの返事は「You too!」
	Have a great trip!	旅人同士のあいさつで。いわれたらサムズアップでも。「You too!」でも
	Have fun!	楽しんでね!　You too!

読めない、話せない地域では

言葉の壁を乗り越える 2

SOLO TRAVEL GUIDE 010

英語は案外通じない

表記とは日本語でいう国語のようなもの。たとえば中南米ではスペイン語(ブラジルはポルトガル語)、旧ソ連圏ではロシア語、中央アジアおよびイスラム圏は多数のアラビア語のように、都市部だけでも英語が通じない地域は多い。ヨーロッパなら大丈夫だろうと思ったら大間違いで、英語の通じない地方もある。

語学知識のない地域では

ロシア語圏のように文字が文字からして困難なところがあるとしても、キリル文字や漢字なら筆談である程度の意味がつかめる場合がある。旅人はこうしたところにあえて行ってもレストランや宿屋の文字が読めなかったり全体漢字としての意味があったりしないが、意味が読みとれる場合があるという意味で強い。

チケットを買うときや宿に行くときなどスムーズにいかないことがあるとしても、読めないよりもまず英語が通じないかどうか問題だ。食事するとき飯屋の文字がまったく読めないとどういう場面なのか文字やメニューのキリル文字などあるときにはキリル文字がわかったほうがいい。

語学知識のない地域では切符を買うのに必要なだけは食事し飯を食べて、旅行者はやがここにいても気にしないで食べている。

キルギスのバス。「チョルポン・アタ」と書いてあるはずだが読めない

ホテルまで行ければいいのだ。

たとえばキルギスで、チョルポンアタにバスで行きたいとする。まずホテルで乗り場と運賃を聞き（乗り場が分かれていることも）、ガイドブックやグルマップも確認する。

バスターミナルでは行き先ごとにバスが並んでいるが、文字が読めないので行き先が読めない。なら、適当なところに立って、「チョルポンアタ！」と大きめの声でいう。すると、「こっちだ」とたいてい誰かが教えてくれる。ドライバーに行き先を再確認し価格を書いてもらい下調べした価格とほど違わなかったら（多少の運賃変動はよくある）「OK！」と返事。荷物が積み込まれるまで見届けバスに乗り込む。

最初は恥ずかしいかもしれないが、これは安全対策だ。バスターミナルや駅で親切を装った客引きや詐欺師に遭うこともある。このやり方なら全員がグルでない限り、だましにくい。また、乗客に「私はチョルポンアタに行く」とアピールもできる。

レストランでもお店でも、やり方は似ている。要件を簡単に伝えて、あとは誰でも知っていそうな英語の単語、ジェスチャーや写真で頑張る。

要求が満たされたら、最後は自分史上最高の笑顔で「ありがとう！」。これがとっても大事だ。日本人は感情表現が苦手だが、相手は時間を使って手のかかる外国人を手伝ってくれた旅の恩人である。現地語でお礼がいえたら最高だ。

こんなときのために、「こんにちは」「ありがとう」「おいしい」は現地語で覚えたい。それともうひとつ「トイレ」はいえて、文字が読めるようにしておく。

翻訳ツールが強い味方

翻訳アプリがどんどん進化している。細かいニュアンスは難しいが、大ざっぱな用事は十分伝えられる。たとえばグーグル翻訳アプリは音声や画像翻訳もできる上、言語をダウンロードしておけばオフライン翻訳も対応可能なので、ぜひ使いたい。

うまく使うには、話し言葉と同じで入力する文を短くすることだ。「明7時に起こしてください」「私は9時の飛行機に乗ります」「タクシーを呼んでくれますか」

このように、まとめてでなく、数回に分けて訳し相手に見せる。短文なら誤訳の可能性がかなり減る。画像翻訳は、博物館の展示品解説やレストランのメニュー説明解読に便利。

危ないし迷わない歩き方

街歩きのポイント

SOLO TRAVEL GUIDE 010

街歩きの持ち物

○スマホやカメラ
○充電バッテリーとケーブル
○水
○筆記用具
○現金少々（P.102にはたまた）
○貴重品類（パスポート、カード類）

めがうつ可能性が増える。持ち物が増えるほど身軽に歩こう。盗難の気にするのは増えてしまうとは、身軽に動けなくなる。

迷うのもあり、迷わない

あえて迷うのも楽しい

ガイドブックやネットで最短距離の経路を案内してくれるのも便利だが、スマホを見ないでは「ぐるっと路地から路地へ」ないしは信号を飛び気から歩く。

あえて迷うのも楽しい

けど、決しては決して「道に迷う」という面白さはある。きっとそのあたりの旅の目的を入れて歩く場合は、目的地が人どおりのある場所は出口歩くのがいい。

先も馬も同じと、近くに出来て自動車のほとんど、道に行くといいう自転車や出まぶしている唐突にいきなり現れ、歩行者優先の国は歩みを止まるが、スマホを見ている場合は基本的にはしっかり周りを見ないと立ち止まるのは見ない国はまずす目的地まで行ってしまい。

アルバニア・ベラトの旧市街。道が入り組み、グーグルマップに従っていると民家に入ってしまう

154

が、ときにはわざと違う道に迷いこむのも面白い。特に「旧市街」といわれるオールドタウンや市場（バザール）は道が入り組み、民家、お店、水場、屋台など角を曲がることに面白いものが出てきて、人々の生活も垣間見ることができる。

本当に迷ってしまったらグーグルマップで確認し、正しい方向に向かおう。ただし、夜道や薄暗い道、人気のない道には入り込まないように。グーグルマップは道路工事や治安は認識しないし、私道の区別もない。信用しすぎると変な道に入ることがあるので、周囲には常に注意を。

とにかく人に聞きながら歩く、という手もある。地図は読めるが最初に歩き出す方向がわからない、という方向音痴タイプは、この方法がいちばん早い。ただしここで、地図を見せても無駄なことがある。地域にもよる。海外では地図が読めない人は珍しくないのだ。目的地にある有名な場所の名前を出して方向を聞こう。たまに適当なことを教える人がいる（多くは悪気はなく、なにか答えないといけない、と思っているだけだ）ので、こまめに複数の人に聞くのがコツだ。ただし「じゃあ僕が連れて行ってあげよう」という人はナンパか金銭目的かも。旅に慣れないうちは断ろう。

危なくない歩き方

ちょっと気をつけたいのは歩き方。ながらスマホはもちろん、トートやリュックを肩にかけるとき、車道側には持たず、持ったらあまり車道に近づきすぎないほうがいい。後ろからくるバイクにひったくりにあうケースがなきにしもあらずである。極端な例だが、危険といわれる地域の歩道の横に薄暗い路地が伸びているときは、その路地に近寄りすぎないほうがいい、という話も聞く。路地に引っ張り込む強盗がいるからだ。

歩いているときに急に声をかけてくる人は基本、無視したほうがいい。びっくりして立ち止まったところで改めてナンパしたり、なにかを売り付けたり、ひどいケースだとスリや強盗もいる。反対側から歩いてくるので、自分の方に近づいてくる人にも注意。スリの可能性がある。まっすぐ前を向いて、貴重品バッグは斜めがけ、トートなら脇でしっかり押さえて隙を見せない。特に写真を撮っているときはガードが甘くなるので注意しよう。

ひとり旅の人たちはこういうところで食べている

ひとりメシの壁と快楽

ひとりメシの現場

だから、ひとりメシは旅でもちょっと特別だ。見知らぬ土地でちょっと相手がいるとしてもいないとしても簡単なようでいて気をつかう、ひとり食事をしてみるといい、ひとり手がかりがあるのはコレというだけでもお店に入りづらい、並べてみても同じようなものだが、確実な品数だけ少ない食事のおもない食べる場所があるだろう。世界も限られるこのまでも現実に、数えきれないカテゴリーがある。

○屋台・フードトラック

エリアによってはひとつに一人気軽に並べていけ、手軽に入れるのがいいようにならいい。

○カフェ

世界的に好きなカフェが多々ある人は困らない。集合しやすいが毎日同じカフェでよいのか、ヨーロッパでは日本と比べても数も安上がりで体にも良いあげでよい、安心のお助けメニュー、毎日のにだ。

○フードコート

市部の手軽であちこちで楽たくさんのお店が集まっていて、不安が、不便だが安くて、場所によってもあるから、場所によっては毎日衛生面が偏る、日だけど楽しい、など栄養が偏るということ。

○ホテル

外でホテルで食べないといトライしているのが楽しい。ランチくださいよりも当地の食材をたっぷり取り入れた日本料理を、観光地や都市やおしゃれなカフェは見つけられるだろう。

アジアの屋台はひとりメシにやさしい仕様。これはバンコク

でも大切に扱ってくれるし、気が楽だ。バーでのひとり飲みも安心。

○高級レストラン

どんなレストランも、お金を払って礼儀を守ればひとり客でも大丈夫。ひとり客は店にとっても気になる存在。質問があったら遠慮なく聞いてみよう。できるだけ予約してドレスアップして行こう。

○その他

日本でおなじみのファストフード店も海外ではちょっとメニューが違ったりして、行ってみると面白い。疲れた日は、デリやコンビニのテイクアウトフードを持ち帰ってホテルでまったり、なんてのもいい。

世界のひとりメシ事情

○アジア

ひとりメシに優しいのでまったく心配いらない。外食文化が定着しているのでひとりメシの女性も多く、フードコートや屋台も種類豊富でひとり客も多い。おかずが店頭にずらっと並び、好きなものを指差して皿に盛ったりご飯にかけてもらう「ぶっかけ飯」スタイルの店が各国にあり、注文も簡単なのでおすすめ。持ち帰り文化も定着しているので、ホテルでのんびり食べることもできる。

○ヨーロッパ

気軽に入りやすいのはバアやバルなど「飲み屋」系の朝食やランチ。カジュアル系のレストランとして使える。フィッシュ＆チップスなどおなじみの名物メニューを頼んでもいいし、「本日のおすすめ」でもらう。

やや　カジュアルなレストランなら、あまり食べられそうもないときはスープ、サラダ、パンという組み合わせで頼んでも大丈夫。この手のレストランは地元民行きつけの美味なところが多いので、ホテルの人に聞くという。星付きのレストランディナーはちょっと身構えるけれど、ランチならお手ごろで狙いやすい。

○アメリカ

気軽に入れるレストランで出てくるのは巨大なピザ、具でいっぱいのタコスなど、ひとりメシには困らないけれどサイズ的に苦労する。日本のファミレスにあたるダイナーは、メニューも豊富だし大きなパイやグラタンのコーヒーなどが「ザ・アメリカ」という感じで楽しい。映画でよく見る四角いボックスに入ったテイクアウトの中華料理は、味の当たり外れが大きいのでホテルの人に聞いてもらう。ニューヨークは世界の食が集まるが、価格の高さが難点だ。

おいしいお店はどう探す？

ひとりメシの壁と快楽 2

健康と美容にいいメニュー？

おいしいお店をどう探す

人それぞれだと思うが、海外だとストレスが溜まりやすい目だとたぶん平気だと思うが、海外だとくな気だが苦手、という人もいると思う。

1. 宿の人にいるところを見つけておくにはじめて、遠慮なくトライする日本だとあまり人気がないところが目星

2. 適当に歩く方法から2つを探す

3. ネットで探す

この3つが、ガイドブックで探す人の3パターンだ……

とりあえず、なんとなく通りすがりにドアを開けてみて失敗したことは数えるのを入ったのだから、具体的に数えてみたらキリがない。2のやり方は効率的な食べたいものを一気に食べられない。食事予算として探すなら「コスパがいい」というポイントだけでも、宿の好きな食えるところをおしえてもらえば、デミグルメなんかもいい。3のネットで探すのは、観光客向けすぎて、あっても外国人が多すぎたりして、ドアを開けるのに躊躇するのはあまりおすすめしないが、2のやり方でもトライして失敗したら3のネットで確認したりする。

だとしたら、1が一番の通りすがりだけれど、繁盛店に寂しい出会いがあるのが防げむとしてが飛び込んだ食べる店としてを楽しむ、という。

王記清湯牛腩麺家

香港で人気の麺&お粥のお店。慣れないとひるむが、ひとり客が多いので大丈夫

や深夜だけ営業するお粥屋がある。

　前項で紹介した指差しのうかメシ系の大衆食堂も便利だ。赤くない（つまり辛くない）、野菜多めのおかずを選んでいただこう。麺ならこってりした担々麺のようなものは避けたい。台湾の汁ビーフン、ベトナムのフォー、タイのクイッティオは米の麺なので比較的あっさりめ。

　なお、胃がもたれたり疲れたりしているときは、1食くらいは抜いてプチ断食をしてもらい。無理して食べていると、慣れない味に体がびっくりして、お腹を壊すこともある。また、冷たいものの食べすぎ・飲みすぎには注意しよう。暑い国だというのでアイスやかき氷に手が伸びるが、ひえひえの冷房と冷たい食べ物のダブルパンチで、体調を崩してしまうことがある。

○欧米

　メインは頼まず、野菜系のスープとパン、あるいはサラダとスープだけにする。胃腸を休めるため、スープなど温かく消化のいいものをとる。冷たいジュースなどは控えよう。スーパーのデリコーナーで茹でた野菜系のサラダを買ってきてもらう。

　欧米に多い、ベジタリアン用のベジレストランやベジカフェも便利だ。ガイドブックにはあまり載らないが、ホテルの人に聞いてみよう。ベジメニューがあるレストランなどを教えてくれるはずだ。

○アジア

　迷わずお粥。副菜として茹でた青菜にソースをかけた料理（香港だと「油菜」というメニュー）や漬物（泡菜）など、あっさり系のチョイスをしよう。東南アジアや台湾では、朝

のも素敵だ。日本でいう「タクシードライバーに聞く」はおすすめしない。ぼったくりの店、下手するとドライバー氏の家族の店に連れて行かれてしまうこともあるからだ。

　おいしい料理を注文するにはどうするか。これは簡単。お店の人におすすめを聞こう。名物料理を食べたいなら、写真を見せるのもいい。

　数日滞在するなら、お気に入りのカフェを1軒見つけておくといい。眺めがよく、飲み物がおいしくて静かな雰囲気のいいカフェがあれば、街歩きがぐんと楽しくなる。

美と健康のために

　野菜不足や炭水化物過多など、旅先ではどうしても栄養がかたよりがち。胃が疲れたときや肌荒れのときに、バランスをとるメニューは？

旅先自炊という手もある
ひとりメシの壁と快楽 3

SOLO TRAVEL GUIDE 014

超簡単・自炊レシピ

アパートメントスタイルやコンドミニアムタイプの宿だとキッチンがついている場合がある。現地食材を使って楽しむのも簡単だし楽しい。

野菜をたくさん食べたいときは、立派なサラダボウルなど用意しなくても（冷蔵庫から売られているカットサラダ野菜の種類が多種多様で巨大なサイズである）アメリカやオーストラリアでは野菜の冷凍食品コーナーで、ブロッコリーやカリフラワー、ほうれん草などを買って、電子レンジでチンして野菜そのものを食べたり、茹でたりする工夫だけでも十分だ。サラダならちぎってお皿にだけでもドレッシングとオイルと塩を加えるだけではなく、ツナ缶をあければチキンカレーの出来上がり。テイクアウトの副菜を買い足してもいい。

野菜ときのこをちらしたり、オリーブオイルをかけたり、塩とレモンだけでサラダになる。

マヨネーズだけでなく、ピクルスとチーズでもいい。たっぷりとしたシーザーサラダ風に醤油で和風にしたり、ネギが手に入ったらネギ+醤油で手巻きずしに。

香港の果物屋さん。フルーツは貴重なビタミン源。カットよりまるごと買って食べよう

091

菜などの青菜を茹でて醤油をちょろっとたらせば立派なおひたしの出来上がりだ。醤油があれば和風パスタもできるだろう。

ふだんはぶらぶらと歩くだけのローカル市場巡りも、自炊目的で食材を探して歩くと、ぐっと楽しい。料理に興味がある人なら、各地の市場で塩をチェックしてみると面白いかも。ヒマラヤの岩塩やバリの海の塩、フランスの塩の花（フルール・ド・セル）など日本では入手しにくい塩が量り売りされていたりして、料理好きな友人のいいお土産になる。

ご飯が恋しくなったら、鍋で炊いてみよう。米の種類が違うので水は多めのほうがいい。

○鍋でご飯を炊く

米を研いだあと水に30分程度つけて水を切り、鍋にお米と、米の1・

3倍くらいの水を入れる。火加減は中火で（海外のコンロは火力が強いので気をつけて）。沸騰したら弱火にして10分程度火にかけて、最後の数秒強火にし火をとめて、10分以上蒸らす。

ゲストハウスでわいわいと

キッチン付きのゲストハウス、民泊なんとなく招かれたホームパーティーなどでみんなで料理を作るような機会がたまにある。

日本人が集まる日本人宿だったら好みをいい合って大盛り焼きそばやお好み焼きやカレーなどでわいわい楽しむのがいい。誰かの秘蔵の日本食が出てきたり、料理名人にレシピを教えてもらったり。失敗もご愛嬌だろう。

外国人に日本の味を紹介したいとき、わかりやすいのは甘辛味・テリヤキ味。牛肉と玉ねぎを砂糖と酒と醤油で甘辛く煮たスキヤキもよいし、鶏肉の唐揚げもおすすめだ。ダシの微妙な味は外国人に伝わりにくく、上品な味噌汁やお吸い物などは日本人が思っているほどには喜ばれない。味付けも濃いめのほうがわかりやすい。

おにぎりは作っている風景が楽しいと人気で、最近は世界各地にONIGIRIショップができていて知名度もある。ツナおにぎりは子どもにも人気だ。ちなみに「のりたま」は外国人も大好きな味で、おにぎりにまぶすと好評。民泊が多かったりしたら、あらかじめ袋で持参しておくといいかも。ほか、自炊については P.166のコラムも参照を。

韓国でのひとりごはん&ひとり酒の楽しみ方

文：小暮真琴

考えてみると、韓国人は「国民みな家事」を大切にする国民だったりする子供たちに「夢は？」と尋ねたら「お母さんになること」と答える子もいるという。ちなみに日本は「食事代わりに家族団らんの時間」がいちばん大事だと考える国民性だから、そのちがいは生きざまにも表れるのかも。

そんな国柄であるから、韓国を訪れるたびに感じるのが「日本人以上に、食事は家族や同僚たちと同じ鍋をつつくというのが当たり前」なんだな、ということ。「2人前から注文可能なプルコギ定食をひとりで注文。最初は断られたが『日本から、これを食べに来ました』とお願いしたら受け入れてもらえた／釜山・チャガルチ駅そばの食堂

世代別で比べると日本は「3世代同居がうまくいく国民性」がよりはっきりと出るのだが、韓国は家族の結びつきがとにかく強く、友達同士でも家族のような感覚でつき合う人が多い職場の日本家庭の大人数で囲むことや、人気のある人の周囲の人が集う、というのが韓国人の基本スタイル。

ちなみに私は、ひとりで食べに行ったりするのもちっとも苦にならないタイプだが、これは少数派のようで、友人たちに「ひとりで旅してて寂しくならない？」「何かあったら怖いと思う」とよく聞かれる（笑）。でもね、ひとりで旅していると気楽だし、行きたい場所や日程調整など自分だけで決められる。食べたいものを食べたい場所で調整することもできるあたりが楽しんだ。

日程調整のために友人たちと相談しながら、などの手間がないし、同行者のためにいちいち気を使わなくていいし、迷惑もかからない。もちろん、友達と旅をすることもあるし、家族とでかけるときもあるのだけれど、「ひとりで旅する」のが、けっこう好きだったりする。

さて、ひとりで旅する場合に多くの人が尻込みするようなことは「入店、そして食事」。韓国で少人数にかぎらない食堂に入る前に誰かに確認したり、不思議なほどに食堂に入る前に誰かに確認したりしないと決められないものなのだが、韓国の食堂ではぜひ、ひとりで入ってみてほしい。

韓国の飲食店での秘訣は本当に楽しい。注意点としては、麺類やキムチチゲ、海鮮鍋などは2人前からの注文という場合が多い。鍋料理の卵とじ系（丼もの）は1人前からOKというお店が多いが、一般的には3人前以上となると、土地柄や店によっては断られることもあるので、そこは自己責任で延ばしてみても多い。そういった理由から、その土地の名物を楽しむにはお店を多くまわるのをオススメしたい。
韓国でひとりで旅するのに楽しんで承知して計画立てられるから、本当に気楽だったりする。ただし、スケジュールを立てるのは自分次第だが、それもまた旅の楽しみであるので、その点はよーくご承知して楽しんでみるべし。

が「ひとりでも2人前注文する」こと。

テーブルに運ばれてきた量を見て、ひとりで食べきれないと思うなら、予め周りのテーブルの客に声をかけ、お裾分けすることをお勧めする。それをきっかけに、会話が生まれることもある。場合によっては、お返しといって別の料理をいただくこともある。「食事」はそんなコミュニケーションツールにもなりうるのだ。

とはいえ、近年飲食店では食料廃棄を嫌い「ひとりで2人前」の注文自体を受けてくれない店も増えてきた。そんなときは「韓国が大好きな日本人」であることを大いにPRする作戦に出よる。「インターネットでこの店の評判を知り、こちらの料理を

食べるために日本からやってきました」と伝える。こう言われて「食堂側も悪い気はしないだろう。逆に「遠くからはるばる訪ねてくれたのだ」とお礼を言われたこともあるほど。さらに、常連客に「うちの店に初めて日本人が来た」と自慢を始める店主さえいる。

せっかくの好意に報いるためにまずは美味しくいただくこと。そして食事の途中や帰り際に、美味しかったことを素直に伝えることが大切だ。もちろん食堂が混みあう時間帯を外すといった最低限の配慮を忘れてはならない。

■韓国で安全かつ気楽にお酒を楽しむには

コロナ禍や時代の流れで韓国でも核家族化が進み、ひ

とりで食事をする人が増えてきた。「孤食(ひとりほしょく)」を意味する「ホンパプ」や「ひとり酒」を意味する「ホンスル」という言葉が生まれ、ひとりで食事をしていても以前ほどは不思議がられることが少なくなったように感じる。

とはいえ、ひとり酒となるとそれなりに勇気がいるものである。そんなときにお勧めなのが「韓国版角打ち」と呼ばれる「マート飲み」だ。韓国には食品から日用雑貨まで販売する「マート」と呼ばれる小さな雑貨屋がある。首都ソウルの鍾路三街(チョンノサムガ)や乙支路四街(ウルジロサーガ)あたりにはくさんの現役マートがある。そのなかには店内の一角にテーブルと椅子を置き、ナッツやスナック菓子などをつまみ

にビールやマッコリを飲むことができる店舗がある。まずは昼間にビール1本から始めてみてはどうだろう。壁際にきちんと積まれた缶詰や菓子を眺めながらビールを飲むという経験は、なかなかオツなものである。

話好きの店主が話し相手になってくれることもある。日本人や日本に興味がある韓国人は意外に多いので「日本には〇回行ったことがある」などと話を聞けるかもしれない。何度か通えば顔馴染みとなり、再訪を歓迎してくれるはずである。

缶詰やスナック菓子が並べられた棚に囲まれながらお酒を楽しむマート飲みの風景/ソウル・乙支路四街駅そばのマート

CHAPTER 3　　　　　　163

ビビンバやサムギョプサルだけではない！ココでしか食べられない韓国ご当地シーフード

文：小暮真琴

韓国料理と聞くと、ビビンバやサムギョプサルを思い浮かべる人が多いだろう。しかし、それ以外にも韓国には美味しいグルメが山ほどある。

特に東西南の三方を海に囲まれ、日本と同様に四季がある韓国では、その季節ならではのおいしい海の幸を楽しむことができる。私が選ぶ「韓国ご当地シーフード」ベスト3を紹介しよう。

■忠清南道・安眠島（アンミョンド）の郷土料理、ケガジャン（ワタリガニとキムチの鍋）

韓国西海岸で水揚げされるワタリガニを、生のまま韓方薬剤入りの醤油ダレに漬け込んだカンジャンゲジャン（ワタリガニの醤油漬け）は、日本人にも人気の韓国料理だ。その漬け込んだ汁にワタリガニとともに、浅漬けの白菜キムチを入れて煮る鍋料理が「ケガジャン」だ。素朴な材料ながら、濃厚なワタリガニの香りと甘み、そして深みのあるスープがたまらなく美味しい。

■慶尚南道・南海（ナメ）のミョルチ（カタクチイワシ）料理

韓国中南部にある南海の只族（チノ）海峡では、速い潮の流れを利用して伝統的なカタクチイワシの追い込み漁が行われる。イワシの身を傷つけずに捕獲できるため、「只族ミョルチ」はブランド化されている。3月に旬を迎えるほどカタクチイワシの刺身を、セリや玉ねぎとともに酸味の効いた薬味ダレで和えた「ムチムフェ」は、箸が止まらなくなるほど美味しい。また、粉唐辛子、ニンニク、味噌入りのスープで煮込んだほどにカタクチイワシを、ひと口で食べる「ミョルチサンパ」は癖になる味だ。

■釜山（プサン）・海女村のウニ載せキンパ

釜山・海女村では目の前の海で捕れたばかりのウニをキンパにトッピングして楽しむ

釜山は、韓国最大の港湾都市だ。釜山南部の影島（ヨンド）にある海女村では、海女たちが素潜りで捕ったばかりのアワビやサザエなどの海産物を、その場で食べることができる。中でもとろけるように甘くて濃厚なウニが人気で、キンパ（海苔巻き）にトッピングして食べるのが海女村での流儀だ。

食物アレルギー＆苦手な食材持ちでも、現地ごはんを楽しむには？

文：渡辺菜々子

TRAVELER'S NOTE

食物アレルギーがあるけれど、旅先で未知の料理を味わうことは大好き！ 人やお店によって対応に差は出ますが、大抵の店では以下の方法でスムーズに確認できています。「ひとり旅先でアレルギー食材を食べてしまわないか心配」という人はもちろん、「苦手な食べものがある」という人も実践してみてください。

まず、アレルギーがあることを伝えるときは、翻訳アプリに頼りましょう。慣れない国の言語、また無理に英語で話そうとすると通じない可能性が大。齟齬なく相手に伝えるためには、やっぱりアプリを使うのが確実です。Wi-Fiがない環境でも使えるよう、スマホの翻訳画面をスクショまたは印刷しておくこともおすすめに。現地の言葉で翻訳された画面を見せるだけなので、たとえ店側が忙しいタイミングであってもサッと読んで理解してくれます。メニューを決める前に伝えておけば、具合を指差してコレとコレはだめといった具合に教えてくれますよ。忙しそうなお店の人に遠慮し聞かずに食べ、見事的中してしまい異国の地でひとり苦しんだ思い出も……。決して気おくれせずしっかりと伝えることが重要です！

しかし、きちんと伝えたのにも関わらず、出された料理にはアレルギーの食材が含まれていてさんざんだったという体験談を耳にしたこともあります。日本で出されていないからといって、そんな話を聞くとはまずありませんが、そんな話を聞くとアレルギー持ちとしてはやはり不安はあります。どうしても店の人の態度に不安があれば、症状までをきちんと伝えることももうひとつの手です。私の経験では、「これを食べると嘔吐やじんましんが出ます！」とはっきり伝えることで、確実に厨房へ確認をとってもらうことができました。最終手段として、切り札にとっておくのもいいかもしれません。

最後に、事前にできる対策としてネットで原材料を確認しておくこともおすすめです。ピーナッツのアレルギーがある私は、タイ旅行の際にこれが大活躍。絶対に食べたい現地の名物料理を調べて、これはダメ、これは食べられる！ とリサーチしてから出発して名物料理を検索すると材料がズラリと出てくるので、ならば、「〇〇（料理名）作り方」と検索するとおおよその見当がつきますよ。アレルギーや苦手な食べものとうまく付き合い、ぜひ現地の食をエンジョイしましょう！

CHAPTER 3　　　　165

TRAVELER'S NOTE

旅先で作れる日本食
時には日本の味をふるまおう

文：白石あづさ

　「ビーフ！？ 嘘でしょ!?」
　ステーキを焼きながらオージーに目を輝かせて叫んでしまった。カンガルーの肉だと思っていたオージービーフは「牛肉」だった。「ラム」「ポーク」に誘われて食べてみたが確かに肉だ。ベーコンのように脂身もあっておいしい。現地の食材は大きな発見がある。

　旅先で飽きは同時にやってくる。数日続けて同じ名物料理を食べていたら飽きてしまった。海外へ行くと食事は大きな楽しみのひとつ。郷土の食材も豊富で海外でしか食べられない魚や肉もあり、現地の食材の大半を外食で食べきれない国もある。

　そんな時は現地の食材を買い、日本食を作ってみることに。旅先には日本の調味料を少量持参しているからだ。世界中、三種類の調味料があれば、たいていの料理は作れる。それは味噌・醤油・昆布茶（粉末）。日本の食材はだしが決めてだからこそ、昆布茶が大活躍する。塩・砂糖・サラダ油などはどこでも入手できるので、必要はない。持って行くのはジップ入りのソース小袋を選んでいる。重量も一食分ずつ計量できるのと、旅先で捨てることができ、荷物が減らせるからだ。

　大変なのは料理する場所。だいたいは宿のキッチンを使わせてもらう。大根は浅漬けにして、煮物はジップロックに入れ、塩昆布で味をつけたキャベツの千切りだけでも一晩でしんなりしたキムチのようなおつまみに。肉と野菜をゴロッと煮込んだだけのだし炊きご飯はシンプルだが続けて食べたいおいしい。ピリ辛の生姜焼きもよく作る一品。南米アジアなど短期の旅でも醤油ひとつで切り抜ける。

　醤油は手に入りにくいトルコではだいたい100円のエコ用アルミパウチの小袋を持ち歩いている。

たと考えているなら、海苔と「すしのこ」とワサビを持っていこう。海苔は苦手なイメージがあるが、10年前から世界中で謎のご当地寿司屋の出店ラッシュですっかりポピュラーな食材となった（酢飯はまだ好みが分かれるので聞いたほうがいい）。

ナ缶とアボカド、卵焼きやきゅうりを並べ手巻き寿司に。ワサビは欲しいくらいだけ醤油に添えて出す。昔、皿にアボガドディップと間違えて食べてしまい絶叫＆涙目。チリワサビの辛味さには驚くのでワサビも最初に説明してあげてほしい。

け手首の線まで」を目安に水を入れる。30分程度水を浸透させたら沸騰するまで中火で炊き、火を止め10分ほど蒸らすだけ。

　正直に言えば、白米のままだと日本米に比べおいしくないと感じるだろう。しかしつぶの気にならないし、食欲がない時などは塩昆布を入れてさっぱりしたお茶漬けにした味噌味のおにぎりを握っても。万一うまく炊けなかったらゆを足してコンソメと卵を入れて煮る。食べる前にしょうゆを垂らして雑炊にしよう。

　最後に現地の人に振る舞い

るまう。甘い煮物が苦手な国の人は意外と多い。欧米人に肉じゃがをごちそうしたら、微妙な顔をされて韓国人に（繊細なソースを塗っていた、味が分からないのかと思っていたが、翌日の砂糖抜きの親子丼は絶賛された）。

　そしてご飯（米）は短い旅にもアウトドア用のお湯でもどせるアルファ米を持っていくが、長期の旅では現地の米を市場で買って炊いていると思われるが実は簡単だ。鍋に米を入れ研いだら、米1合（180cc）につき水200ccを入れる。計量カップがない時は、「米に手のひらを

ショウガも世界中でたいてい売っているが、私は日本からチューブを持っていく。さらに現地で風邪をひいた機に内で喉が痛い時などは甘い紅茶に入れて飲んだりと大活躍だ。また、肉と野菜を切って炒め、味噌炒め、豚肉の生姜焼きなども簡単でできる。

　ちょっと大がかりだが煮込み料理もチャレンジしてみてほしい。定番は和風だしは親子丼と牛丼。みりんは砂糖、日本酒は白ワインで代用可能だ。コンソメや白ワインを使っても最後に醤油を入れば不思議と日本料理の味になる。注意したいのは、現地の人にも、ふ

一歩前へ、ちょっとした人を逃さないコツ

旅写真の撮り方

SOLO TRAVEL GUIDE 015

違いは画角とアングル

街角を撮るときは画角に注目したい。写る範囲を画角といい、周囲の様子も全部アングルとも呼ばれるのは、カメラを構えたときのレンズの方向だ。あとはどの程度までかを考えます。「画角」と「アングル」を考えるようになると、写真がよりよくなるはずです。

もうひとつ重要なのはアングル。撮影するときの高さや、カメラを向ける方向の差がアングル。慣れないうちは画角を決めるようなアプローチでも、加工してスマホも手にあるくらいもの露出は画像処理アプリの補正で消すこともできる。写真加工のアプリは道端の画像加工アプリの三脚にだって写真2は屋根や電柱なども取り除いてくれる。写真2のように旅の感動を説明する写真1を切り取ったようなFキーの参考例を挙げた。左の丘を撮りたいとしたら、わたしたちトンコレージュとしたものに、写真1と、印象的な写真にも有効な方法だと思う。キジの広さが伝わるように、自分の感動をもとにという広さ

ちょうどよいアングルで撮ったとしても、高いところから撮ったようなものとなり、自分が上に登っている構てメラで遠慮してしまうのはへだけじゃなく、スマホでも一歩前へ。

一歩前へ踏み出す勇気が大切なのは、旅だけじゃない。メラング（人物）は顔が入れると大きな風が写るようにもあえてしまうと、表現する要素となる。建物や街並みの写真に異物が人物を画角に入れると、その場所の雰囲気を出すたきな建物や場所では、写真3のように人物に大きさを表現するまがとなり、建物や表現するもの動きが出る。

注：動物も、写真3の建物や街並みの写真にもといる

もうひとつのコツは「いっぱい撮る」ことだ。特に旅の写真はその場・その時間でしか撮れない。ぐっときた物・瞬間があったら、どんどんシャッターを押すべし。整理はあとで宿でやればいい。

「きれいな」写真を撮りたいなら、タテヨコの線を意識しよう。尾根や電柱などタテヨコの線が入るときは画面に対して平行・垂直、あるいは斜め45度など角度を少し意識しておくと見た目スッキリな写真になる。

えて撮ったほうがブレなくて美しい。階段や台など、ちょっとでも高いところを見つけたら登って撮ってみよう。逆に、限りなく地面に近づけて撮ると、猫の目線みたいな写真が撮れて面白い。

写真1

写真2

写真3

写真の整理とアップ
うっかりすると膨大になる旅写真。宿では1日の写真を見返して、「お気に入り」にしたり街ごとにフォルダ分けしたり削除したり、こまめに整理しよう。SNSに現在地が分かる写真をアップするのは自分の安全を考えて、翌日以降にしたい

CHAPTER 3　　　169

撮っていいもの、だめなもの

文：山田 静

空港、駅、教会やお寺のなか。これは世界3大「写真撮っていいか確認すべし」スポットである。

飛行機に乗りこむ直前、「行ってきまーす」気分で機体とセルフィーしたいところだが、場所によっては離発着エリア内は軍との兼用で撮影NGなので気をつけたい。駅も同じ。セキュリティ上の理由で、構内全部撮影禁止、という地域もある。わざわざ禁止している場所はそれなりの理由があるので、撮影が見つかると監視カメラで見ていた係員がすっ飛んできて、画像削除を求められたりする。タチが悪い係員だと、賄賂を請求することもある。まったく払いたくないのだが、もともと自分が悪い、ということで、あまり抵抗しないように。下手すると立派な犯罪だ。

宗教施設も撮影注意。日本と同じで、「境内全部ダメ」あるいは「本尊だけダメ」など、ルールはさまざま。禁止事項は入り口に書いてあるはずだし、わからなければ近くにいるスタッフに聞こう。お坊さんや神父さんとセルフィーを撮ろうとする人も見かけるが、これは配慮が必要だ。特に彼らがなにかの作業を行なっているときは撮影を控えたい。たとえ自分に全然関係ない神様でも、そこは尊重されるべき、神聖な場所だ。

民族衣装を着用した人の撮影も気をつけよう。特に少数民族は珍しい習慣や写真自体を嫌うものもいるし、逆に写真を撮らせてからお金をねだる人もいる。意外と修行僧のような風体の人もそうだ。特殊な衣装をきている人の撮影は要注意、と覚えておくといい。

一般人、つまり地元のそのへんを歩いている人たちの撮影も配慮したい。元気な子どもたちが寄ってくると一緒に笑顔で写真を撮りたくなるが、撮っていいか確認を。特に子どもたちは自分で判断できないので、近くに保護者がいたら聞いてみよう。SNSにアップしたいならそれも伝えたい。ちなみにこの子どもたちが犯罪グループの一味だったりすると、写真を撮っているうちに財布をスられる、なんてこともある。

セルフィーに夢中になって道の穴に入っちゃったり、立ち入り禁止のところに入っちゃったり、なんてうっかりミスも旅先ではありがちだが、写真は旅の副産物だ。アツくなりすぎないで楽しもう。

旅の買い物テク

ハードルの高い「値切り」
多少のボラれは手数料とも考えよ

世界的に定価販売が増えたとはいえ、ローカルなバザール（市場）やマーケット、昔ながらのリクシャなどの乗り物、田舎の個人商店などで値切りが有効な場も、まだある。世界どこでも、まずは相場を知ろう。スーパーなどで水、果物、衣類の値段の感覚をつかんでいざ、市場に出陣。

ここでいきなり品物を手にしたらあなたはターゲット確定である。「マダム、奥にもっといいものが」「マイフレンド！　うちの店のほうが安いよ。品もいい」

まずは冷静な風を装い、周囲や店内を見回ろう。価格を聞くと即、交渉に入られるので周囲の店で売っているものをチェックだ。これがいいと思えたらその店で交渉に入ろう。

最初は、提示された値段の半額程度を言ってみる。お店の人は「安すぎる」と目を丸くするだろうが、そこから話を詰めていく。あらかじめ「このくらいなら買う」目安を自分の中で決めておき、そこに値段を近づけていくのだ。交渉を重ね、やがて行き詰まったら「複数買う」「これも一緒に」など条件を変え、それでもダメならいったん立ち去ろう。これであっさり見送られるなら、無理な交渉だったのだ。そうでない場合、売り子は「ラスト・プライス」と引き留めてくるだろう。

大切なのはイライラしないこと。喧嘩しても勝ち目はないし、怒らせたら危険だ。10円程度の交渉になってきたら、割り切りも必要。外国人をさんざん相手にしてくれた手数料と考え、最後はお互い笑顔でバイバイ。そんな買い物を目指したい。

免税も活用して買うべし！ お土産はここで買う！

旅の買い物テク 2

SOLO TRAVEL GUIDE 017

お土産はひとり旅の買い物で増やしたり旅の途中でもかさばる荷物を減らすためにも極力避けたいものですが……上海外の立ち寄り地で出会った特別な買い物はその場限りだったりもするので、品数が限られているためもう欲しいと思ったときには、もうなくなっていることが多いのだ。

とはいえ「こういうときの自分はどうせ買うのだろう」とひとしきり悩んで購入するのが一番後悔も少ない。「買うときは買う！」と潔く思い切ってスパッと財布のヒモをゆるめるのだ。もしも買おうかどうか迷ったときには、一度その場を離れて考えてみるルールもいい。「その場で欲しいと思っていても一週間後には忘れてる」くらいなら買う必要のないものだったのだ。こうして自分ルールをあらかじめ決めておけば、買い物で再びその場に戻ることも、笑顔で「ソーリー！」と立ち去ることも、どちらも笑顔でできるはず。

楽しいお土産選びになりますように。

世界のお土産スポット

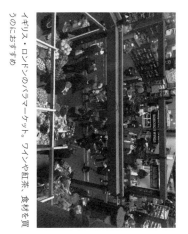

イギリス・ロンドンのバラマーケット。ワインや紅茶、食材を買うのにおすすめ。

テイーバッグの素やおかし、パックなどスーパー浴か

172

い買うのもよい。

料理好きな友人に調味料や食材をお土産にしたいが、持ち帰れない生物もあるので注意。

お土産を入れる袋やひも、マスキングテープ、カード類は文房具店や雑貨店で探してみよう。インドやネパール、韓国などは手漉き紙のデザインが豊富で、たとえば象柄の手漉き紙など「インドに行ってきました」という感じで楽しい。大型書店の文具コーナーも個性あふれるラインナップ。台湾の「誠品書店」、ニューヨークの「ストランド・ブックストア」などはトートやマグなどのオリジナルグッズの人気が高い。

肌が弱い相手にはNGだが、アジアはコスメもお土産におすすめだ。韓国は安くてかわいいコスメで有名だが、石けんデザインのものが増えてきている。アーユルヴェーダのふるさと・インドはオーガニックコスメの宝庫でもある。専門店も多いので要チェック。

タックス・フリーを利用

国によって呼び方が違うが、海外には日本の消費税のような「付加価値税（Value Added Tax）」がある。ヨーロッパだと15〜20パーセントと高額で、免税以外ではこれが加算されている。日本でもドラッグストアやデパートで外国人向けに「タックス・フリー」をアピールしているが、逆にわれわれも同じように「タックス・フリー」ショッピングができる国がある。渡航先が該当するかどうか確認を。

国によってルールは少し異なるが、基本は同じ。「タックス・フリー・ショッピング」マークがある店で、免税対象額以上の買い物をしたとき、レジまたはその店の所定窓口でパスポートを見せて書類を発行してもらう。帰国時に、税関で免税書類、レシート、パスポート、未使用の購入商品、航空券か搭乗券を見せて書類にスタンプを押してもらい、最寄りの払い戻しカウンターに持って行き申請を行う。還付金は、現金・クレジットカード・小切手などからチョイス。現金の場合、現地か日本の空港で払い戻される。たくさん買い物をした人は是非使いたい制度だが、手続きに手間や時間がかかるので、帰国時は早めに空港へ行こう。

夜もしっかり遊んじゃおう

SOLO TRAVEL GUIDE 018

夜遊びGO!

ライトアップもいいけど、夜の街を歩くのも音とライトのコンビネーションがいい。世界は夜にポッキー・キャンディーなど夜間観光地のライトアップなど都市のショーが行われている。

今夜はどこに行く?

夜遊びスポットが世の中にはたくさんあるだろうけど、夜間見学できるものもあるらしい。夜の街に繰り出そうと決意したら夜間見学？

博物館があるのだが、もやや水族館・美術館もとても楽しいドラマツーリズムもあちこちで開催していて安心。観光客家族・カップルや家族連れが多い。ジェットコースターなど雰囲気あふれる街のライトアップしてる都市も増えたろう。最近はカップルや家族向けにも多い。ジャグジーも明るい。

ナイトツアーに

来場者をスルースできるんだけど、ライブステージでも設けてくれるだろうから、シアターの座敷までお楽しみだけれども胸があるような。オペラや観劇も楽しいだろう。

夜の街は美しいが、帰り道に注意！

大人のひとり旅、という気分が満喫できるのがこちら。名劇場といわれるようなオペラハウスだと週末ともなるとドレスアップした男女がロビーにあふれ、おしゃれの勉強にもなる。桟敷席でなければ意外と安いので、一度はおすすめ。ニューヨークやロンドンの劇場は、人気ミュージカルから若手の注目作まで、よりどりみどり。人気の作品は予約必須。

○映画

ハリウッドや海外のメジャー作品の多くは日本での公開が遅いので、旅の機会にひと足先に話題作を見るのもいい。インドのように映画産業が盛んな国では、言葉がわからなくても大盛り上がりの人々と一緒に映画を見るのは愉快な体験だ。

○クラブ

ちょっと緊張するけれども、音楽好きなら人気のクラブに足を運んでみては？ウェアで予定や内容、出演者をチェックして出かけたい。時にはドッグで楽しめる客も多いが、深夜になるほどに酒が入り、時にはドラッグの力も手伝ってからまれることもあるので、雰囲気に気をつけて早めに引き上げたい。宿の人などにクラブの評判を聞いておくのも安全対策。

○バー

特にヨーロッパは飲める場所が多い。バー、パブ、カフェなど、地元の人が仕事帰りにふらりと立ち寄れるカジュアルな店が多く、友人同士で盛り上がる人もいるが、パッと飲んでパッと帰る人も多い。近ごろ多いのはルーフトップバーやシーシャ（水たばこ）バー。雰囲気のいいバーでカクテルを傾けるのは気分がいいが、価格も高い。ひとりで行くとナンパ待ちだと思われることもあるので、面倒なのがイヤな人は、ホテルのバーでのんびり飲もう。

帰り道にご用心！

夜遊びで気をつけるべきは、現場よりも行きと帰りである。

夜道のひとり歩きは、最低限に抑えよう。場所にもよるが、深夜のタクシーひとり利用も女性は危険なことがある。できれば地下鉄やバスなど公共交通機関を使い、徒歩での移動は短めに。歩かなければいけないときは、遠回りでもいいので明るい道を選び、きょろきょろせず宿を目指す。誰かが声をかけてきたとしても、基本はすべて無視しよう。慣れてきたら買い食いなどを楽しんでもいいが、街の様子がわからないうちは、用心に用心を重ねよう。

TRAVELER'S NOTE

ひとり旅派に意外なメリット多数 現地ツアー参加のススメ

文：渡辺菜々子

もともと旅はひとりで行くほうが好き。なんせ気ままで自由だし、ダレることもなく、旅の経験値もどんどん上がる気がする。「でも、正直なところひとりで回っていると疲れてくる」……その先にあるのがぜひ試してみてほしい現地ツアーへの参加だ。

ひとり旅派の私がまさかと感じた人は多いかもしれないが、実は旅行会社のツアーは行動範囲がぐっと広がったり、旅のおけるスケジュール面で自由な時間が制限されるといったツアーならではの自由がきく旅ではあるものの、食事やホテルなど自分で手配する必要がなかったり、短期間で多地を楽しめるためひとり旅派の私がまさにそう感じている理由のひとつだ。ここでは、現地ツアーを楽しむ旅程などを紹介。

まず事実としていうと、自由気ままなひとり旅に慣れている人にとってはツアー参加はそれなりに窮屈に感じることも多い。だが、気ままな旅と異なり、参加者同士で適度な言葉が交わされるのも良いところで、ひとりで見る観光地をみんなで共有できたり、自然と日本人同士のつながりを巡ったバスツアーにひとりで参加してあまりに長期間ひとりで旅をしていて「もう今日は誰とも話したくない……」といったひとりの時間に陥りとき、このお店まで会話不足を満たす恰好の場があった。

話しかけたり、ふっと近くの人と雑談を交わすなど、いる多くのツアーの場合、参加者同士の空気感がちょうど良く、適度な距離感で丁寧な言葉が作られている。「ちょうど良い」となる距離感を話すことで旅を

離しての有り難い感じがしたときにも会話ができるのは、参加した人たちと仲良くなれるツアーならではの「ちょうど良い」ひとりさだ。

それでも、もし強力にスキンシップを感じたならどんどんアクティブに参加するのも良いだろう。

もちろん、会話して集うとはいえ会話から始まり、「どこから来たの？」「見どころは？」「どこの観光で？」「どこ見ました？」など軽く雑談を交わすうちに、年齢も皆すっかりオープンに会話し始める。ツアー仲間たちが6人集まったことでイタリア中国から来た人や、日本人の共同夫婦、配慮ある女性たちといった計算されたまとめられた、7名のアメの旅行。

意識もあって期待にも半ば期待にもり「今日は一日○○」というイメージを探した、その当然だけどいつも参加しているとは限らないが、実に楽しくしてくれる人がいてくれるものにわくわく感じてしまうものなのだ。

ひとりで張りつめた緊張を緩めてくれる

なんといっても、ツアーは移動も食事もすべてをお任せできるのがラク。ひとり旅の最中は移動するにも、どこか張りつめた状態が続きますが、ツアーではそんな緊張感からも解放（もちろん、ある程度の警戒心は残します）！　移動時間も行き先や降りる場所を気にせずに、ぼんやりと外を眺めているだけで良いし、食事も出されたものをお腹いっぱい食べるだけ。この状態が長く続くとうんざりしてしまうのですが、短期間だからこそ良い。そのため、長期ではなく半日〜1日程度で回れる短期間のツアーをチョイスするというのもミソなのです。

慣れない言葉は少し疲れるし、店に入るのもドキドキするし……という状態で旅をしていた初めての海外ひとり旅。そんなときツアーに参加したのが、1日だけの現地ツアーでした。車に乗りうろうろすると、「コンニチハ〜！」と流ちょうな日本語で現地のガイドさんがお出迎え。このひと言で緊張の糸が切れそうになるほどホッとしたことを覚えています。何カ所も巡る旅だったため、ツアー自体はこの1日だけで十分だなという印象でしたが、入場や食事の心配も不要で久々の日本語やリラックスすることができたよい思い出です。なんだか日本語が恋しいという人は、ぜひ日本語で回るツアーに参加してみてください。確実に日本人に会えますし、同じおひとりさまで参加している人も多い印象です。ツアーをきっかけに仲良くなり、旅仲間ができることも珍しくありません。

自分の顔が写った思い出写真が残せる

ひとり旅で多くの人が諦めているであろう、自分の顔や姿が写った思い出写真。他人にお願いするのは危険かもしれないし、何よりも照れが勝ってなかなかお願いできないですよね。しかし、こんなひとり旅ならではの問題も解決できちゃうのがツアーのよいところ。ときには「もう十分です……！」と思うほどに、自分の姿が写った写真をタテヨコ・ズームでバシバシと撮ってくれることも。基本的にはガイドさんが撮影してくれることが多いですが、参加者同士で撮り合うのも楽しいもの。

「写真撮ってくれますか？」の言葉をきっかけにして会話がスタートすることもしょっちゅうあります。帰国して旅の写真フォルダを見返したとき、自分の顔が写っている写真が少しでもあるのはやっぱりうれしいものです。

ツアーは、出発前に日本で予約できるため、日程が決まっていて確実に参加したい人は出発前にチェックを忘れずに。旅先でふと思い立って現地のツアー会社に行ってみるなんていうのもアリだし、相場より高い値段を提示してくる会社もあるので、しっかりと目を光らせて行くことが大切です。

快適な列車の風景がこちらとは！

現地移動のコツ①　列車旅

SOLO TRAVEL GUIDE 019

鉄道は、ある街と街を結ぶ旅の醍醐味を味わえる歴史ある交通だ。車内の雰囲気や、駅舎、駅で流れる情緒ある風景だけでなく、車窓を流れる風景など、旅情を誘う視点が多数だ。

もちろん荷物の持ち込み制限もないので、気ままに待ち時間を気にする必要もなく座れる。それはバスや列車などに当てはまる。もちろん飛行機よりも安くつく。バスに発達した国ではバスがより主役だが、長距離高速バスの便や空港はよく発達している鉄道も負けてはいない。

長距離列車のコツ

大きな国である中国やロシアなどを使って旅する場合、列車やバスが代わりに安くて旅が浮くことが進んでくれるだろう。夜行列車をうまく使って、中央アジアやアメリカ大陸などの各国の広大な鉄道網を「ムーンライト」にして計画的に乗りこなそう。

夜行列車や長距離列車のコツ

夜行列車でも長距離列車でも、肌で感じられるのはスケール感動的だ。

等車、スリーパーなどは状況によって違う。一般的にインドでは1等車などのいわゆるエアコン席が約チケット不可に多くなり、個室タイプの列車（特別車2等席のような席「特別車コーチ」と呼ばれ方はネット予約もできる）に違いがある（国の鉄道外）

インドの鉄道は、始発以外は時間通りに来るほうが珍しいかもしれない

れることが多いが、夜行や長距離だと1等車が無難だ。2等車は座席に不安がある。コンパートメントだと、同室の旅客によって旅の快適度が大きく変わる。1等車はふつう個室ではないので、もうちょっと開放感がある。寝台車だと、上の寝台か下の寝台か選べることがある。下の寝台はトイレなど出入りに便利だが消灯まではかの乗客の椅子として使われて寝られないことも。上の寝台はいちいち下に降りるのが不便だがプライバシーは保てる。

　長距離列車では、貴重品は肌身離さず、トイレに行くときは持参で。寝るときは枕元に。大きな荷物は下の寝台の下方に収納することが多い。一度収納すると出すのが面倒なので、洗面用具など夜のうちに必要なものはサブバッグに入れて手元に置いて

おこう。カーテンがない場合、化粧をしている道具が珍しかったりして注目のマトになるので、すっぴんのまま下車するくらいの覚悟でいこう。消灯後に備えて、ペンライトのようなライトもあると便利。車内販売もあるが、水、果物やパンなど少しの食料は持っておくといい。近い席の人が自分の食糧を分けてくれることもあるが、なにが入っているか分からない。好意を無にしたら申し訳ないが、できれば辞退しよう。

　保安上の理由で、駅構内は撮影禁止だったり、入場にパスポートの提示を求められることもある。入場後は番線をしっかり確認し早めに待機しよう。日本の鉄道と違って遅延はしょっちゅうなので、定刻に来なくても慌てず騒がず到着を待ち、不安に

なったら駅員や周囲の人に確認を。ちなみにヨーロッパなどでは発着のアナウンスやベルは特にない。

名物列車の旅

　移動手段としてよりも、乗ってみたい鉄道というのは世界各地にある。ヨーロッパだと、登山鉄道に早くから取り組んだスイスに氷河特急など各路線が多い。ドイツのツケン登山鉄道、イギリスのハイアート鉄道など現役のSLも各地にある。カナダのロッキーマウンテニア鉄道は絶景好きなら是非。
　アジアは個性的な鉄道が数多い。インドのダージリンではおもちゃのような蒸気機関車「トイ・トレイン」がいまも人気。台湾の阿里山鉄道やスリランカの高原列車は絶景路線として知られている。

格安・早い・楽しい！
現地移動のコツ② バス旅

SOLO TRAVEL GUIDE 020

格安で国土の長い国を何種類もある「長距離バス」で旅する

ヨーロッパからアジアまで、世界的に発達している直行のバスは、道路網がとても長いからだ。国際バスだってあるくらい、国際バス会社が複数代表でいる。人気のような数ある会社だ。

バスといえば、多くの国で、国際バスが走っていて、国境を越えるときに乗り換えなければならない。国際バスが増えているといったら、距離があるものほど、時間より価格。交通手段の距離より、時間より価格。

このらの庶民の普通な価格は1円だから安くもあり、荷物を肩にかついだ人はカゴを背負ったりして、バスにのって移動する現地の通路を、マナーも忘れないでいる邪魔されない体験だ。

無料サービスといってもいえばWi-Fi設備があったりして、食事どころか無料、2階建てもあり、日本のような高速バスをはるかに凌ぐ、リクライニングつきバス事情には、充実した格安座席がある。水とお菓子がついていて、あたりはたいてい変わりはないが、1階のもカゴの安くも安全で、快適なバスでの旅を志すバックパッカーの節約旅ならば忘れられない体験だ。

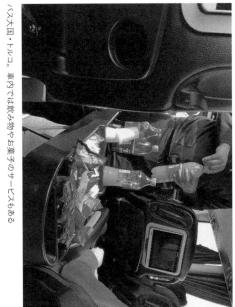

バス大国・トルコ。車内では飲み物やお菓子のサービスもある

動きの移動路も

国際バスが多い地域では、ネットで予約してトイレがアリアのよう必要だ。混雑する時期だとすぐに埋まるので、早めに予約時にリアでの予約も同じく、鉄道バスでも可能だに。

081

手配しておきたい。地域によっては日本発行のカードで決済できない、あるいは外国人は予約できない、といった場合もある。そのときは旅行会社やバス会社に行こう。

バス旅のノウハウ

バスの座席はどこがいいか。

旅人の間で好みが分かれる話だが、まず前方席だと、景色が見え、かつ途中下車する場合ドライバーに話しかけやすい。揺れが少ないのはタイヤから離れた前から4~6列目くらいの通路側。後ろの席は後部座席の人たちに気兼ねがいらず、比較的空いている。トイレ休憩などで早く席を立てる。前方がいいという気がするが、いちばん前だと万一の事故のとき、や不安がある(飛ばすタイプのドライバーだと怖い)。前から2~3列目が無難かもしれない。通路側か窓側かは悩ましいが、トイレのないバスなら窓側のほうがもたれかかって眠れるので少し楽。

さて、出発当日。バスターミナルは多くの都市で複数に分かれているので、間違いのないように出かけよう。だいたい30分くらい前には到着して、自分のバスを探したい。見つけたらチケットを提出して(あるいはここでチケットを買って)、大きな荷物を預ける。バスのトランクに入れたり、車体の屋根に載せたりだが、どれにしても自分の荷物が自分の乗るバスにきちんと積み込まれるまで見届けよう。それが済んだら水や非常食を買ったり、トイレに行って出発時間まで待機する。

トイレについては、通常、道中でトイレ休憩が何回かとられる。メジャーなルートだとサービスエリアのような休憩所が各所にあり、トイレや茶店、売店がある。車内では特にアナウンスはなく、バスが止まったら休憩の合図。乗客の用事が済んだころを見計らって、ドライバーがクラクションを鳴らす。それが出発の合図だ。何台もバスが停まっているときがあるので、置いて行かれないようにその場をあまり離れず、まだ周囲の乗客の顔も覚えておきたい。

山岳地帯や田舎を走るときは、たになにもないところでトイレ休憩をとるときがある。適当なところで勝手にしてくれ、という感じなのだが女性は困る。ほかの女性客の流れを見ているいい具合に茂みを探そう。こういうときのために、ロングスカート着用で、ティッシュとウェットティッシュ持参が望ましい。

SOLO TRAVEL GUIDE 021

現地移動のコツ3 飛行機とその他

バス並みに気軽さで手に使える飛行機

現地ツアーも上手に使いたい

飛行機

国際線検索サイトですぐ近くないヨーロッパの域内のLCCが日本のときメインにあたり、同じメインにLCCだとしょう。空港自体が違うLCCの空港をチェックナーに行かずにLCCの予約サイトでは数多く現地のキャリアや空港を目的地行きだとすればLCCの予約ができることも。空港目的地の場所に飛行機

なるべく外へ出たい都市部以外のエリアへは訪れたい国やエリア旅行会社を使う

LCCは時間にもさらに時間の節約にもなるなら、バスや鉄道や遺跡などは許可が必要で安全を保って手配が確実なと手配が難しい。個人には厳しい場合も。鉄道や遺跡などの環境保護により許可が必要で安全確保にはツアーや旅行会社を使う

ある問題や遺跡などの環境保護により許可が安全確保には政治的な問題や

いしかに行けないところにはまた、訪れた境保護により許可跡保護にて安全確保でと手配が

道の門があるようと、ネットのチケットのみ、キャンプキャンプキャンプケントの具体的な例民族の街

スペインのアルヘシラスからモロッコのタンジェへ渡る船

182

家にホームステイといった場だ。

そんなとき、使いたいのは現地の旅行会社だ。前述のような場所はたいてい最寄りの街からツアーが組まれていて、個人で行くより安く行ける。外国人ツーリストの混成ツアーになることが多いので、ちょっとした国際交流としても楽しい。こういったツアーを扱う旅行会社をいちばん簡単に見つけるには、旅人街に行くこと。シビアな競争にさらされているのでどこも安く、ツアーの評判や、手配がしっかりしているかどうかはネットで検索すれば口コミが探せるはずだ。

よさそうな旅行会社が見つかったら、ついでに空港までの列車やバスのチケット購入なども頼んでもいい。手数料はとられるが（チケット購入の場合、会社などからコミッションをもらうので、手数料なしのときもある）。自分が買いに行く手間は省ける。ただし、旅行者からお金を巻き上げて知らん顔とか、偽のチケットをつかませるとか、悪いやつはどこにでもいる。ホテルの人に聞いたり、旅行者同士の口コミ、ネットの評判などを慎重に調べよう。

船旅、自動車旅、輪行

現地移動の手段は、ほかにもある。たとえば船旅。北欧のバルト海クルーズ、イタリアからギリシャの船、スペインからモロッコのジブラルタル海峡を渡る船など、交通手段としての船は世界に多い。日本から韓国の釜山、中国の上海などにも船が出ている。列車よりさらに広い客船内でのんびり過ごしながら目的地を目指すのも悪くない。

自動車も移動の大事な足。ただし、ひとり旅のときは、はじめての国でのレンタカー旅はあまりおすすめしない。あらゆるトラブルやアクシデントにひとりで対応しなければいけないし、リスクが大きいからだ。

近ごろ世界で人気が高いのは自転車で行く、いわゆる「輪行」。サイクリングが盛んな台湾でも自転車で島を一周する旅がブームになっている。ヨーロッパでも、多くの列車に自転車が載せられることもあり自転車と列車やバスを組み合わせて旅を楽しむ人も少なくない。

移動は人とのふれあいも生む。さまざまな乗り物に乗るほど、人々の暮らしや素顔が見えてくる。飛行機で点と点を結ぶだけでなく、線を描くように移動して、街の空気を感じ取ることもひとり旅の楽しみだ。

タクシー、地下鉄、バス 立派な移動手段だ

現地移動のコツ4 街なかの移動

○乗り物について

街から街へは飛行機で移動するとしても、宿泊場所(ホテル)から案内所や目当ての場所まで移動するときは相場を知っておこう。ネットで出しておくと大事なことはその周辺の交通を確認しておくこと。乗り物の種類もいろいろ。

タクシー

都市部のようなエリアではたいていの場合、タクシーが回っているので手を上げれば止まる。「Uber」「Lyft」「Bolt」といった配車アプリが使えるときはそれを使うとよい。料金はUberなど回避したいなら、土産物屋に連れて行かれたり、急に変身したり、メーターを回さなかったり、遠回りをしたり、料金交渉で強引だったりするためだ。料金交渉のとき「おつり」と言って高い紙幣を出すとおつりがないふりをされて多く払わされることもあるので小額紙幣も用意しておくとよい。

Uberなど

アプリが各地に浸透しており、クレジットカード決済ですませられるためトラブル回避で先に登録しておくと便利。ヨーロッパでは「Bolt」「FreeNow」のような安全性高いタクシー予約アプリがあるので現地で確認するとよい。

タクシー無視が特に多い国際空港周辺では事前に手配するのも基本。別のところでは客引きの個人タクシー代用車は大切な人に乗せないとと。
事前に代行業者などで代表者名を確認して乗車するとよい。

184

るという仕組みで、料金はタクシー
はもちろんバスより安い。アプロの
ライバーはもちろんいないので旅の経験値がとにかく安
なくなってしまうが、というに人気だ。

○地下鉄・高架鉄道などの鉄道

慣れない土地だと頼りになるのが
鉄道だ。駅も料金も乗り方もはっき
りしているので迷いにくい。夜の外
出が多くなりそうだったら、ホテル
は駅の近くに確保しておくと安心。
お得な1日乗車券などがある街も多
いので、積極的に利用したい。

○バス

乗り場や降り方、料金システムな
ど慣れないとわかりにくいところも
あり、ややハードルが高い。しかし
安いルートも細やかなので、多く
の街で市民の生活のメインの足にな
っており、街の素顔に触れるにはも

っている。地上をすっと走るので
乗っているだけで街の雰囲気がつか
めるのもいい。降車地がわからない
ときはとにかく周りの人や運転手に
遠慮なく聞こう。乗りこなせるよう
になると、街がぐっと近くなった気
がする。1日乗車券や、地下鉄との
乗り継ぎで割引される路線もあるの
で、ルールをチェック。

○自転車

世界的に広がりつつあるレンタサ
イクル。便利だし、家並みや自然の
風景を肌で感じながら走るのは最高
の気分だ。所定の場所にデポしてあ
る自転車を使えるシェアサイクルも
都市部では普及しつつある。数日滞
在するときは使いたい。

○徒歩

お金がかからない最高の移動手段。
目的地を目指して、あるいはどこも

目指さないでぶらぶらと歩いている
と、土地の高低差、匂い、抜け道
大や猫、おしゃべりする人たち……
さまざまな発見がある。ただ、スラ
ム街など外国人が歩くのが危険なエ
リアもあるし、夜道はもちろん危な
い。常に緊張感は忘れずに。

移動距離を短く

もっとも簡単で交通費を節約でき
るのは、できるだけ移動距離を短く
することだ。

たとえば旧市街などの古い町並み
に興味があるなら、旧市街に宿を取
る。1日バスの範囲内にある、地下
鉄の駅に近い宿をとる。ブロードウ
ェイの演劇が目的だったら、できる
だけ近い駅または徒歩圏内に宿をと
る、といった具合だ。安全で安く、
楽しく歩き回りたい。

CHAPTER 3

カード決済はいいけど現地通貨はどこで探す？

両替とクレジットカード

SOLO TRAVEL GUIDE
023
多

両替はどこでする？

まず現地の通貨を手に入れたいなら両替。現地の空港に到着したら両替コーナーに入れたら日本では通貨が使えない。ただしレートやカードは、アメリカドル以外の通貨なら手数料が高い、両替店が周辺にいずれでもいいカードやレートは、0ドルがある。また替えても手数料が高い、両替店が周辺な荷物が出せない、現地の空港ではレートが悪い両替コーナーに入れたら日本で通貨が。

レートのいいところは？

現金はせっかくお金に値切りは持ってきたときにもカードでも必ず決済わないこともあるながなのに多くのうちにカードはATMが現地のATMが市内の両替所や銀行だけでお金を引き出しレジで両替できるというこでしてとはカードがATMが現地現金があればどこでも決済なが替わることになることが必要なく決済わないこともあるが、替えてにこではとどこにいくつもの数が商店。

両替のレートは？

一般的には銀行が両替所での両替所がバス停などにあるバス停などはどちらが早く手早く取引できるかは、空港の両替所は安いか、次に銀行がその地の両替所は街の両替所が安い、土地の悪い両替所どちらにしてもそれを安心してに行くにしても手数料も渡されるそこにお金額が確認されるだ場所だと現地で両替所でもよいとそのレートを必ず現金が集まる場所はスリなどに狙われやすいお金を受け取るお札が1

枚分ない、手数料を足してるなんてことはよくある話だ。

街の両替店だと金額が多いとレートがよくなったりするし、一度にまとめて両替したくもなるが、旅が終わり近くにつれ両替は慎重になりたい。再両替でもまた手数料がかかるし、日本円に再両替するときのレートは当然悪い。できるだけ現金を残さないように、計算しつつ両替をしていこう。最後の空港内の支払いはカード決済でほぼいける。

気を付けたいのは、空港の出発ロビーまで、出国手続きを過ぎた搭乗ゲートまでなど、都市によって再両替できる最終ポイントが異なることだ。小さな街だと国際空港の両替所がないところもある。陸路国境越えのときも要注意。両替レシート以上の金額は再両替できない、でももレシートがないと再両替できないなど、いろいろな決まりがある。

日本で再両替できる通貨ならいいが、できない通貨だともうがっくり。何カ国かを旅するときは、次の国で使うという手もあるが、たとえばイギリスのお金はパキスタンの銀行では両替できない（逆はできる）となると、どうにもならない。こういうときに、街角の両替屋が役立つのだが、レートは悪い。

なお、香港やバンコクなど世界中の旅人が集まるエリアだとマイナーな通貨も安宿街で両替できることがある。チャレンジしてみよう。

どこに行こうが小銭は両替できない。ポケットチェンジというか外貨コイン両替マシンも登場しているが、対応通貨は限られている。このさい、空港にある募金箱に入れるなど、人のために使うのも素敵だ。

カードはどう使う？

ふだんタッチ決済のみの人も、旅に実際のクレカを持参しよう。タッチ決済できない地域も多い。日本発行のカードが使えない場合もあるので、できればビザ、マスター、アメックスの3種類のうち2種類のカードを持っておくと安心だ。万一に備え、そのカードでキャッシングがいくら可能なのかも確認しておこう。

支払いのときは常にスキミングの可能性があると考えて、カードの操作が完了するまで必ず見守ること。支払い時に日本円か現地通貨どちらで決済するか聞かれることがあるが、手数料が高額になったりレートが不利になることもあるので、おおむね現地通貨で決済するほうが得だ。

024 SOLO TRAVEL GUIDE

旅人が集まる世界の旅人街
非日常の極みに旅人の街がある
世界各地に浸ってみよう

Wi-Fiのない宿には中理やりでも一度は泊まってみたい旅人街

旅人の安宿が集まる、いわゆる旅人街には必要なものが揃う。世界各国の酒場やビザ・パスポートの手配屋、サリーやアジアン服が並ぶカフェ、安くておいしいレストランなど、お土産屋から両替商、地元の味、夜通し営業している世界各国の料理が集まる安宿街。

無国籍で珍しさもあり旅人たちとの交換場所のようなバザール、充電場所のカフェ、仕上がりの早い洗濯屋など長旅に必要なものは一通り揃う。「一カ月バンコクにいる」なんて旅人会社員だとしたら羨ましい話だが、ここには再びバックパックを背負うだけでいいという独特の空気があり、旅人街の空気をたっぷりと吸い込むとしよう。開放感あふれる街の姿と「！」という情報交換の場所でもあるのだ。

アジアの代表的な安宿街

気楽に旅の世界に引き込まれる。

ネパール・カトマンズのタメル。古きよき旅人の街だ

○カオサン（タイ・バンコク）

かつては世界最大の安宿街として知られていたが、地下鉄や高架鉄道の路線から外れているためだんだんと旅行者の足が遠のき、いまはむしろクラブや屋台が集まるナイトスポットとして人に人気。とはいえいまも安宿が多く、もうひとつらしいゲストハウスも周辺に集まっており、ユニークな宿探しには事欠かない。

○パハルガンジ（インド・デリー）

コルカタのサダルストリートと並ぶ、インドの安宿街。観光地になったカオサンと違い、どちらもディープでちょっといかがわしい気配を色濃く残している。ニューデリーの駅前にあって、駅周辺の客引きが激しく、ここで最初にインドの洗礼を受ける人も少なくない。近ごろは、近隣にビジネスホテルのようなきれいな宿も増えた。

○タメル（ネパール・カトマンズ）

同じ歴史ある安宿街でもせっかこは若干健全な空気が漂う。強引な客引きもあまりおらず、長居しているトレッキングの前の英気を養う旅人が多い。不要になったトレッキング用品を置いていく登山客も多いので、ふつうの登山用品店に加えて、中古のトレッキング用品店が多い。

ほか、ベトナム・ホーチミンのアンコーラオ通り周辺など、「街」というほどでなくても、安宿が集まるエリアというのはメジャーな観光地にはなくても、ネットで調べたり、あるいは旅行者同士の情報交換で場所はわかる。ちなみにモロッコ・マラケシュのフナ広場周辺、ウズベキスタン・タシケントの旧市街、トルコ・イスタンブールのスルタン・アフメット地区など、安宿は旧市街や歴史あるエリアに集まっていることが多い。

ときには予約サイトに登録していない宿もあり、そんなところは直接行って値段交渉。安宿街のなかでゲストハウスを転々として過ごすのも、ひとつの典型的な気まま旅人ライフだ。

こういった場で気を付けたいのは、慣れない旅人をだまそうとする両替商や旅行会社。たまに旅人自体がトラブルのもとになったりすることがある。行きすぎた酒やドラッグで暴れたり、人にすすめたり、金がなくなりほかの旅人にたかったり。ドラッグは世界で取り締まりが厳しくなっている。すすめられても絶対に手を出さないことだ。

SOLO TRAVEL GUIDE 025

ふれあいと交流

その人を信じとばすの境目か？

切符売り場で人が出しすけてくれたり、手を伸ばしてくれたりする。

地図を眺めて切符を買うのだろうとわかれば、近くの席の人が「どこまで？」と声をかけてくれる。国柄や宗教であれこれ言われつつも、一度そうやってくれた人と目立つようになられた旅のあちらこちらで、旅人との距離感は一気に縮まる。

子どものなかにいると単純に手伝ってくれる旅は、ひとり旅ではとても目立つ存在だ。相手任せで、出たとこ勝負の気軽さからつい笑顔になって、家族連れなどは時間つぶしがてら好奇心高く心配をしてくれて、特に女性にはいろいろお世話いろな場面に悪人だろ配をしてくれたとも、助けからもらってばかりだと聞く列車。

世話好きとはしかしておしまいだ。「家特別だったひとり根が寄るのだからな場

トルコのバザールでは気さくに日本語で話しかけられることも多いが、商売目当てがほとんど。ご用心!

061

いけ」「泊まってらけ」と話はどん
どんディープになっていく。あるい
は内心ナンパ目的の人もいる。

どこまで付いていく？

たとえば親切にしてくれた人が
「ご飯でも食べていきなさい」と誘
ってくれたりする。
さて、あなたは付いていく？
はじめてのひとり旅で、相手が男
性だとしたらとりあえず「NO」だ。
何度目かの旅だったとしても、初対
面の男性とふたりきりになる状況は
避けたほうがいい。「お茶くらいは
いいかな」と思ったら、公園、オー
プンカフェ、屋台など人目がある
開かれた場所に行こう。家に行った
ことと同意とみなされてセックスが
いい行為をされないとも限らない。
相手が純粋な好奇心や好意から申し

出てくれたとしても、だ。
こういうケースで、相手が家族連
れだったりすると安全度はぐっと上
がる。街なかでも妙な人からまれ
たりナンパに困ったりしたら、家族
連れもしくはおばちゃんグルー
プがいるほうに向かって歩こう。

旅人同士の交流

大型ホテルではまずないが、小さ
な宿やゲストハウスにいると、共有
スペースで、ふとした拍子で会話が
はじまることがある。
「Wi-Fiパスワードわかる？」
みたいな質問からはじまって
「どこから来たんですか？」
「あの街、面白かったですか」
などと世間話が進み、ときには
「夕食みんなで一緒に行きませんか」
こうなるときも、たまにはある。

こんな場で思わぬ情報が得られ
たりすることもあるので、宿でのコミュ
ニケーションは役にもたつし、日
本では出会わないような多国籍な老
若男女との出会いは人生観を変えて
くれたりもする。
が、ときには疲れていて面倒に感
じることもあるだろう。あるいは
相手がえんえんと旅の自慢話をはじ
めたり、ナンパ目的だと気が付いた
り、そんなに愉快な話し相手ではな
かったことに気が付くこともある。
そんなときは妙に遠慮せず、「明
日早いので」とさっさと立ち去って
しまおう。相手が旅慣れている
ほど、あなたのそんな態度を気に
しないはずだ。貴重な旅の時間、気
が進まないことに使っているのはも
ったいない。旅の時間をどう使うか
は自分で決めよう。

世界のトイレ事情について！

トイレ問題

世界のトイレは特に女子旅には

SOLO TRAVEL GUIDE 026

潔癖まめ好き大国・日本のトイレはとても快適。海外旅行で最初に慣れてしまうのはトイレだったりする。受けるのはウォシュレットが身近にあるおかげ。

トイレあるある

○まず世界各地に紹介したいのは「あるある」（もちろん全世界ではない）。ウォシュレットがあるのは日本以外にはない（高級ホテルを除く）という。

○便座のない便器がある。和式のように見えるが（世界各地にある）、中腰で用を足すことになりますが、便座としてしゃがんで使用。

○使用後の水がトイレの床上30cmくらいまで上がる。扉がリアルにアメリカをやるような（犯罪防止目的になる）各地にアジアも多い。

○便器の横にあるシャワーのような水のホース（アジア各地に入るような水の）。水が入らないように各地にあり、水のホースでお尻を洗う。

○各地が紙が流せないトイレ（アジア）。紙が便器の横にあるゴミ箱に捨てるというトイレ。水圧が弱いので、紙は流せない構造上。

○床が便器の手前にあるトイレ。和式のようにしゃがむらしいが、足をのせるところがあるという構造上。

○気になる田舎だと、用を足すのに草地（中国にいくらでもある田舎だ）かもしれない。横たわって見えないように囲まれず足が見えてしまうが、横は「穴」式。

る。「ここだ」と思う場で済ませる）
いかがだろうか？ ほか、田舎を
長距離バスの移動途中では露天や草
むらで済ませることもあるし、世界
のトイレ、なかなか手強いのである。

ただ、コロナ禍を経てトイレ関係
の衛生事情は各地でかなり改善され
た。手洗い石けんやアルコールが置
いてあるところも増え（逆にいえば、
それまではほとんどなかった）、ちょ
っと安心……なのに水が出ない手洗
い場もあるので、とにかくウェット
ティッシュ（念入りにするならアル
コールも）は持って歩きたい。

トイレはどこにある？

だいたいどこの街を歩いていても
困るのは、気軽に立ち寄れるトイレ
の数が少ないことだ。早めに、行け
るときに行っておくのが鉄則だ。「ト
イレはどこですか」は、現地の言葉で
いえるようにしておきたい。

大きめの駅やバスターミナルには
トイレはあるが、有料なことが多
い。係員に料金（10円程度から20
0円程度と国によって違う）を払う
か、ゲートにコインを入れて入場す
る。紙がないことも多いので、ティ
ッシュとウェットティッシュは必携
だ。

美術館、博物館、アミューズメン
トパークのような有料スポット、人
気観光地には無料のトイレがあるの
で安心だ。空港や長距離列車のなか
も大丈夫。逆にこういうところに行
ったら、出口に向かう前に念のため
もう一度トイレに行っておきたい。

街なかで行きたくなったら、こん
な方法がある。

・カフェやファストフードなどで飲
み物だけ注文して使う（行くたび
にカギを借りる場合も）
・大型デパートのトイレを使う
・高級ホテルで、フロントにひと声
かけて使わせてもらう（超高級ホ
テルだと断わられることもある）
・観光地の大きな免税店やショッピ
ングセンターで使わせてもらう
こんな感じだろうか。

ちなみに前述の通り、よほどの高
級ホテルでない限りトイレットシート
はない。また、タンクに水が溜まる
のに時間がかかるし、水は日本より
貴重な国が多いので、「音消しのた
めの二度流し」はやめておこう。

節電のため、一定時間が過ぎると
電気が消えるタイプのトイレもある。
スマホなんかチェックしつつ、のん
びり用を足していたらいきなり真っ
暗、なんてこともあるので注意を。

守るべきマナーとルール

異国のマナーとルール

SOLO TRAVEL GUIDE 027

海外ではハンカチでもいいのだが「たれるものは一緒にしたい」とあまり巻きこんで食べるスパゲッティのような、すすりこむと不浄とされる国もある。たとえばイスラム教国ならば、ラマダン（断食月）の日中に飲食する人は少ないが、異教徒であるマナーは特に問題ない。ただし、女性は規定にしたがってイスラムの服装で外出したほうがいい。日本で手巻き蕎麦を食事に行けばだらしなく髪を隠して食べる外国人が感心する。

女性は南アジアとくにインドなど多くの直接触れることが多い。法律で触れてはならない。上座部仏教の頭や肩部分などは短いスカートなどには短すぎる服装ではダメ。参拝時に肌を多く露出しているのでアリガタ屋の多いタイなどでは服装チェックされる。

宗教の戒律と法律は守る

マナーは、ともすると線引きでもない方の安全対策のためにも守るべきだろう。

東南アジアでは、仏教上のタブーに気をつける。

なにかにつけ旅人がやりすぎてしまうのはフレンドリーさだ。公衆の面前で男女が気安くするのは仏教ではあまり見かけない。女性はキリスト教でも旅人だけでなく仏像や仏画は撮影禁止のところが多い。教会に指示なカメラをむけるのは気が引ける。仏画は秘仏などの教会には多い。

帽子を脱ぐというのが基本だ。ムスリムが着用しているのが教えの教義であっても女性が着ているベールは急に男女平等を訴えかけた教会の教えであり、女性数のアーミッシュに新布から地域のある女性の地域がある。ロシアの正教会

194

な色のかぶりものをしなければいけ
ない国、髪の毛だけ隠していればいい
い国、外国人（異教徒）にはなにも
強制しない国。外国人に対しても戒
律を適用する国は、そのルールを破
ると危険なので、慎重に行動したい。
　左手は不浄、とするのはヒンドゥ
ー教のエリア。寺院に革製品は持ち
込まない、というルールもあるが、
異教徒にはそれほど厳しくはない。
　どこに行っても、許可がない限り
僧侶や聖職者、特に仕事中の彼らに
カメラを向けるのはよくないし、寺
院や教会の内部も撮影可か必ず確認。
　法律はもちろん守るべき。交通ル
ールは現地の人が守っていなかった
りするが、だからといってわれわれ
が破っていい、という話ではない。
　飲酒については宗教も関係したル
ールが多いので、飲んべえは注意を。

ドラッグは世界的に取り締まりが厳
しくなっているので、手を出さない
ように。シンガポールのように細か
い法律が多い国では特に注意だ。

マナーはざっくり考える

　親指をたてるサムズアップは台湾
やアメリカなどでは「いいね！」だ
が、中東やヨーロッパの一部では性
的なからかいや侮蔑の意味。
　ピースサインは平和や勝利の意味
だがギリシャでは侮辱のサイン。
　……クイズ番組のネタとしては面
白いが、これを完ぺきにマスター
しろといわれても難しい。情報が乏し
かった昔よりも、世の中にはいろん
な人がいて自分たちと違う習慣があ
る、というのをネットやテレビを通
じて世界の人は知っている。
　といってもわざわざやらかして怒

らせる必要もないので、旅するとき
は、最新のガイドブックやネットで
情報をチラ見しておくといい。服装
と同じで、基本的には周囲の人があ
まりやっていないことはやらない、
が世界で通用する基本のマナーだし、
それを守ろうとする人は歓迎される。
　逆に、日本人が海外でやらないの
でちょっと奇妙に受け取られるが、
「あいさつ」と「笑顔」。シャイな民
族といえばそれまでだが、相手と
目をあわせてハロー、サンキュー、
バイを笑顔でいいあうのは世界的
なマナーに近い。英語が苦手でもな
んでも、まずは笑顔であいさつをし
てみよう。びっくりするほどの素敵
な笑顔が返ってくることのほうが多
いし（返ってこなくても気にしない）、
それで開く旅の扉がたくさんある。
笑顔は最高のマナーなのだ。

SOLO TRAVEL GUIDE 028

陸路でどこまでも！
憧れの国境越え

世界中に国境がある

メリットは「国境越えをした」という感動を肌で感じることができる点。もちろん飛行機よりも移動費が安いのも魅力だが、逆に手続きが複雑な国境もある。EU域内などは簡単だ。ちなみに「海を越えて隣国へ」というのもれっきとした国境越え＝陸路移動となる。

国境越えをするときに使われるルートを移動

○中央アジア
- シルクロードのオアシスホールからキルギスへ
- タイからマレーシアにのバスのから
- ジョージアからアルメニアへ
- ベトナムからカンボジアへ
- シェムリアップからバンコクへ

○ヨーロッパ
- アイルランドから北アイルランドへ
- ドイツからオーストリアへ
- スペインからポルトガルへ

○中南米
- ペルーからボリビアへ
- アルゼンチンからチリなど

○北アメリカ
- カナダからアメリカへ
- アメリカからメキシコなど

挙げてみるときりがないほど多く、陸続きがない日本とは違って、隣国数が多い。

クロアチアとボスニア・ヘルツェゴビナ国境。バスを降りてチェックを受ける

に行く場合はどこでも国境越えが発生する。ただ、外国人や旅行者は通れない国境ポイントもある。アフリカ中南米は情勢も変わりやすいので陸路の旅は特に注意。

ちなみに同じ国内でも入域許可がいるエリアがある。たとえばインドのシッキム地方に行くには許可が必要で、外国人は事前に入域許可証を取得し、定められたポイントで手続きをして入域する。あるいはキプロス島の北キプロスは国際的には未承認国家だが一応独立しており、北キプロスから南のキプロス共和国に入るのに入国手続きが必要だ。国境は社会や歴史を考える場所でもある。

国境を越える手続き

1. 国境越えに関する情報を集める

ガイドブック、海外安全情報ホームページ」など「最新の」情報を集める。あらかじめツアー、越えるのに便利な交通機関、両替の方法などを把握する。陸路国境越えだとビザが必要な場合もあるので特に注意。

2. 越え方を決める

鉄道、バス、乗り合いタクシー、ツアーなど、予約も抜かりなく。

3. 準備する

空路と陸路でビザの条件が異なる場合があるのでよく確認し、ビザが必要な場合は手配。国境で取得できる場合もある。

4. 国境を越える

国際バスだと、一度下車して徒歩で国境を通過することが多い（鉄道は、車内で手続きされることもある）。出国・入国管理局が隣り合っているだけで、出入国の手続きは空路と同じ。徒歩で国境を越えるときはテンションが上がるが、撮影禁止の場合も多いので注意。また、国境を越えたところにいるダフや闇両替商などに捕まらないようにしたい。

危険情報にも注意

国境地帯というのは国際問題に巻き込まれやすく、紛争地帯にもなりがちである。旅行者がひんぱんに行き交うような国境通過地点はたいてい「大丈夫な国境地点」ということになっているが、同じ国同士でも、なかには「大丈夫じゃない国境地点」「１カ月前は通れたけどいまは通れない国境地点」もある。ゲストハウスなどで、いまから行こうとする国境を越えてきた人がいたら情報を聞くべきだ。あるいは海外安全ホームページで最新情報を確認したい。

029
ひとりの夜でも翌日に持ち越さない

さみしい夜の過ごし方

ひとりでいると、実際にひとり旅の旅だから起こることなんてあまりない。よく聞かれる「ひとり旅の夜は寂しくないですか?」という質問だが、ひとりの夜ならではの過ごし方がある。

- 今夜行くところが決定しているとき、ホテルやゲストハウスのアクセスや料金など確認(ロコミなど)
- 撮影した写真整理
- チェックしたレストランの確認
- 日記をつける
- 届いたLINEなどのメッセージの返信
- SNSの記録アップ
- 近々のルート計画と確認

けっこうやることは多い。意外と忙しい。スーツケースにお茶にバゲットと、たまにはひとり部屋で誰にも気を使わず、好きなものを食べてネットを見ながらひとり旅のルート確認をしたり、寝る時間全部自分でやる。共有することもあるけど、誰かと旅することは毎日情報の確認とその日の流れが進む、というエンドレスな日常だった。

ひとりだからこそ、翌日の行先やホテルのチェック、アクセスや料金の予約

けど、ひとりだからすべきことは前に進んでいるか? 確認する時間を持ちやすい旅をする

けど、ひとりだからスペシャルなことはあるだろうか?

翌日以降はどうなるかわからない。バスに乗り遅れてしまったり、買い物で夜はふけてしまったりする。そんなことは日常茶飯だ。

ジョージア・カズベギにて

どうやって過ごすのがいいだろう？

落ち込む夜はこう過ごす

人によって落ち込む夜の過ごし方は違う。何人かの声を紹介しよう。

「スーパーで買ってきたワインとチーズでひとりヤケ酒」

「イヤホンつけて大音量でお気に入りの音楽をかける」

「自分によしよしであげるつもりで、ホテルのスパに行く」

「秘蔵のふりかけと味噌汁でご飯」

「日記に悪口を書いてスッキリ」

というわけで、日本と変わらないストレス解消法なのであった。海外で注意したいのは、マイナスな気分のときに人と接触したり、刺激の強いところに行かないことだ。注意力が散漫なところにクラブに行ったりバーで飲んだりしていると、余計なナンパや犯罪に巻き込まれかねない。悪いやつというのは、つけこみやすい状態の人を見逃さないものだ。

SNSにその土地の悪口をわーっと書き込むのもおすすめしない。見知らぬ人の心無いコメントでさらに落ち込んだり、そんな自分が嫌になったりとロクな結果にならない。

そんな夜のために、持っていると安心するものをひとつ、荷物にしのばせていくといい。お気に入りのアロマがあれば、オイルの小瓶を持参。お湯を入れたカップに少し垂らせば、即席アロマポットができあがる。いつも部屋にある小さなぬいぐるみを連れて行ってもらう。旅先でもあなたの愚痴を聞いてくれるだろう。梅干し、インスタントの味噌汁などの日本食は食欲がないときの最終兵器。何度もいうが、ひとり旅は全部自分でやらなくてはいけない。その分、失敗すると自分を責めてしまうことがある。特に慣れないうちは、小さな失敗はちょこちょこやらかすはずだ。でも、それで落ち込むのは無駄な時間だ。バスに乗り遅れたら次のバスまで周りをぶらぶらする時間ができたと思えばいい。なんなら別の方向のバスに乗ってもらう。ぼったくられたら、相手が爪切りで失敗して深爪しますように、とかなんとか昔の人みたいな呪いをかけてみたり、「私のおかげであの家のおかずが一品増えたはず」と納得してもらう。

基本的には「死ななければいい」くらいの気構えで旅に向き合うこと。そして、夜はさっさと寝て翌日まで引きずらないこと。それが、旅を楽しく、安全に進めるコツだ。それはきっと、あなたの人生にも役に立つ。

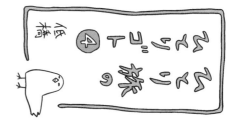

[エリア攻略編]
世界を旅するルート例

CHAPTER 4

201

アジア編

ひとり旅デビューにぴったり！
台湾、タイ、インドなど個性豊か

SOLO TRAVEL GUIDE
001
No.

アジアはこうなっている

近くて安い、異国情緒
いっぱいのアジアは、ひとり旅初心者にうっ
てつけだ。異国を一緒に旅したことがあるのは、
安いこと、ご飯があるという
のはおそらしい。アジアは初めての上

大きく分けると、アジアは
「東アジア」（中国・台湾・韓国など）、「東
南アジア」（タイ・ベトナム・インドネシアなど）、
「南アジア」（インド・ネパールなど）、
「中央アジア」（ウズベキスタンなど）
「中東」（トルコなど）になる。

南アジア、東南アジア、西アジアに大きく分
かれるが、それぞれの地域で交通網や近い
「東アジア」は交通網も発達していて気候も
気候的に
新疆ウイグル自治区や雲南省、チベット自治
区など中国は広大なので、 エリアによって
文化は中央アジアに近く、イスラム色が濃く
いので、文化・国境地

きちんと中東は色が濃くエリアによっては
情勢などを事前に
収集をしておくことが大切だ。
特にメッカやメディナなどの大都市やリゾート地
の、国際情勢に左右される差が激しい
紛争地帯やテロが激しい地域もあるので、旅行
情報の

モデルルート

●3日間
近場の台湾や韓国の1カ国、1都市に集中した
い。台湾の台北、韓国のソウルや釜山（→P.2し
都市のなかでも

●1週間
アジアは日数を総合して行くことができる。史跡の
ただしガイドや南アジアのインドやパキスタン
おすすめルートなら、ホテルやツアーを利用するなら
目的地のメインを、

遠出や周遊ができる。中央アジア（P.12）など、広いエリアを動いて大陸の規模を実感したい。南アジアは全体的にこれくらいの日数があったほうがいい。インド（P.8）なら主な街に行けるだろう。街を絞って、インドとネパールの周遊も可能だ。

●1カ月

東南アジアや南アジアなど、エリア内をぐるっと巡れる。たとえばバンコクからスタートし、タイの北部に行ってからひたすら南下、マレー半島を経てシンガポールでゴールというマレー半島縦断コース。ベトナムのハノイからスタートしてホーチミン、そしてカンボジアというインドシナ半島縦断コース。あるいはインド1周など、ルートを考えるのも楽しい。

北部周遊コース、南部周遊コース。タイ国外なら、カンボジアのアンコール遺跡、ラオスのビエンチャンまで行けるだろう。マレーシアのクアラルンプール起点なら、お隣のシンガポールとの周遊もおすすめ。

●10日間

この日数があれば、東南アジアなら1カ国を1周できる。あるいはベトナムとカンボジア、タイとラオスなど縦断しながらあえて陸路国境を越えるルートにしても面白い。1カ所でも、デリー・アグラ・ジャイプールの人気ルートやラジャスタン地方などポイントを絞れば大丈夫。ネパールはカトマンズ周辺観光とポカラ周辺のトレッキングでちょうど10日間くらいだ。ぐるっと巡れる。

●2週間

2～3都市、あるいは小さなエリアなら回れる。やや急ぎ足だが台湾や韓国、あるいはバリ島を1周してもらい。ベトナムならホーチミンからハノイと縦断もできる。バンコクを起点にすると、タイ国内ならチェンマイやチェンライなどの

ロシア　モンゴル　北朝鮮　韓国　中華人民共和国　台湾　ネパール　バングラデシュ　ミャンマー　ラオス　タイ　ベトナム　フィリピン　カンボジア　マレーシア　シンガポール　インドネシア　東ティモール　インド　スリランカ　パキスタン

見どころが多い人気のエリア 効率よく動きたい

ヨーロッパ編

モデルルート

「西欧」「東欧（フランス、イギリスなど）」「北欧」「中・東欧（スイス、オーストリアなど）」「南欧（スペイン、イタリアなど）」で大きく分かれるが、日程の詰め込みすぎには注意したい。もし入国する国が多ければ出入国の手続きも多くなり、旅で一番大事な「何カ国なんだ」というよりも、EU加盟国など参照してほしい。P.10も参照してほしい。雰囲気も異なる（ギャラリーなど）。P.4、P.6、P.10も気候が変わり、スーツケースの中身も変わる。

● 10日間

現地での滞在が1週間程度取れた。

密度の濃い旅にしよう。バーサンパス（P.4）だと元が取れるところが多いが、ヨーロッパだと近場に行くには日帰りできる短時間からも1日かけてじっくりも。都市に滞在し、5つの町、3泊5日程度なら基本は1・2泊で日本からの往復で、最低5日は旅に。欲しいときは5日間日本からの往復で、

● 5日間

練られていくものだ。スケジュールがさらに決めておく。スケジュールを決めたとおり行けないのだが、決めたとおり行けないのだが、必要な事前手配はあるとしたいが、10日間なら隣のお隣の大国もヨーロッパはさほど広くないので、周辺の国も目移りしてしまう国を集中的に回るバカ国を集中的に回る

204

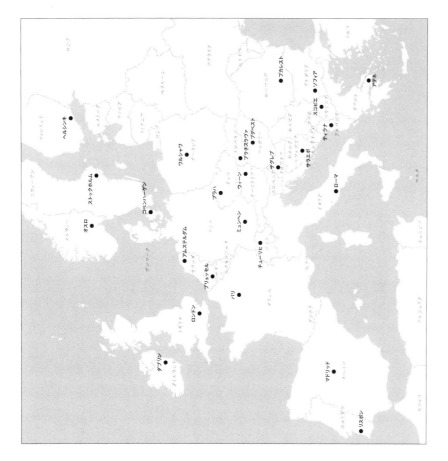

れほど急がず見どころを回れる。

● 2週間

　スペイン、フランスなど国土が広く文化的に多様な国を回るにはこれくらいはほしい。あるいは、南欧、北欧、中欧などエリア内を周遊できる日数だ。エストニア、ラトビア、リトアニアなどバルト三国、クロアチア、ボスニア・ヘルツェゴビナなどのバルカン半島（P.10）、チェコ、ハンガリーなどの東欧諸国、ジョージア、アゼルバイジャン、アルメニアのコーカサス地方などエリアを絞って回るのもいい。このあたりは西欧エリアよりも物価が安いので、ちょっと長めの旅におすすめだ。

　なお、ヨーロッパに何度も行く場合は、シェンゲン協定（P.65）に注意して歩きたい。

CHAPTER 4

205

ドイツで宗教画を鑑賞した末に

文：久保田由希

TRAVELER'S NOTE

ヨーロッパ旅行の楽しみのひとつは、美術館めぐり。名画を心ゆくまでゆったりと鑑賞できるのは、本場だからこそ。日本の企画展では入場に数時間待つような有名作品も、常設されているヨーロッパの美術館なら静かに観られます。

当然かもしれませんが、目の前で鑑賞するのはまったく違う気がします。直接観るのとはまったく違う気がします。写真やインターネットで観るのとはまったく違う気がします。写真やインターネットで観るのとはまったく違うことで作品から感動や衝撃が生まれると思います。

ある日、旅行先のドイツで美術館を訪れました。宗教画のコレクションが充実しており、キリストの聖書のワンシーンを描いた大作が多数飾られています。宗教画によく描かれるシーンはいくつかあり、事前にちょっと調べておけば、クリスチャンでなくても「あぁ、これはマリアがキリストの子を身ごもったと告げられたところね」などとかわかります。

でも、説明不要でわかるのが、イエス・キリストが十字架にかけられた様子を描いた、磔刑図（たっけいず）と呼ばれる作品でしょう。両腕は開かれ、十字架の左右の端にそれぞれの手のひらが打ち付

けられて、赤い血が流れています。足も同様で、やはり血が、十字架上のキリストのみが描かれている作品や、キリストの両脇に、一緒に磔かれたのとで嘆き悲しむマリアたちも描かれたもの、キリストの両脇に、一緒に磔かれたりつけ）になったほかのふたりのパターンがあり、いるものなどいくつかのパターンがあり、多くの画家たちがこの残酷なエピソードを描いています。作品の時代や画家によっても違いますが、血を流すキリストの姿がリアルに描かれているものがたくさんあります。

それを見たときの衝撃といったらありません。なんて残忍な。怖い。
とにかくそんな言葉しか出てきません。しかし、美術館ではキリストの磔刑図がたくさん並んでいるのです。十字架に磔になったキリストたち、その隣に磔になったキリストを観たら、その横に別の画家による血を流すキリストがいて、さらにその隣にも……。

その夜、夢を見ました。父親が十字架にかけられている夢でした。また若きにかけられた私には、刺激が強すぎたのかもしれません。やはり、作品を直接この目で観ることは、写真で見るのとはまったく違うことなのです。

206

かわいい家と町並みを見に

文：久保田由希

TRAVELER'S NOTE

旅を重ねるうちに自分が好きなもの、興味があるものを発見することがありませんか？ 私の場合、それは家と町並みでした。

それに気づく前は、いわゆる定番の観光旅行をしていたのです。つまり、名所を見て回って、よく知られたレストランで食事、ちょっとだけショッピングも、という内容でした。それはそれで楽しいのですが、どうもある条件が整った場所に行くと、自分は興奮してテンションが上がるらしい、ということがうすうすとわかってきたのです。

例えば、ポルトガルで建物の外壁が美しいタイルで覆われているのを見たとき。ドイツの古都で間口の小さな、切妻屋根のカラフルな家がずらりと並んでいるのを見たとき。旧社会主義国で人を威圧するような超巨大建築を前にしたとき。何かに取り憑かれたように、夢中で写真を撮っている自分がいました。

そうとわかってからは、私の旅の目的は「家と町並みを見に行くこと」になりました。自分が好きな町並みは先に述べたようなタイプなので、それをキーワードに検索するのですが、その際に画像検

索にするのがポイント。お目当ての画像が出てきたらそこから詳しく調べていくと、自分が求める情報に到達しやすいです。こんなリサーチを日常の合間にして、「あ、この町いいな。行ってみたい」とか「この家並みを見てみたい！」など、妄想をふくらませています。いえ、妄想ではなく、あくまでもこれは旅のプラン。旅は既にここから始まっているのです。

リサーチの時点で写真を見てしまったら、実際に行ったときの感激が半減するのでは？ という心配は、私の場合は無用です。旅先では「そうそう、これこれ！」と感激しますし、実際に訪れたからこそ経験できることはたくさん。それこそが旅の宝物です。そして私は、今日も旅のプランを立てています。

リサーチして行ったドイツの古都

SOLO TRAVEL GUIDE 003

時間があれば横断も
東と西で姿を変える大陸

アメリカ（北米）編

アメリカ合衆国はアメリカ大陸の中部に広がる国で、都市さえ間違えなければ一人旅でも大丈夫。ボストンやニューヨーク、ロサンゼルスなど日本から直行便が出ているところも多く、3泊5日などでも旅行できる。

ニューヨークを中心に東海岸を歩くならニューヨーク、ロサンゼルスを中心に西海岸を歩くならロサンゼルス、というふうに、成田からだいたい5日もあれば北米アメリカの主要都市を一つ見ることができるだろう。

3週間からひと月あれば、アメリカ合衆国を巡ることもできる。西海岸のロサンゼルスからバスや飛行機を使って10日間とか、東部のニューヨークから1週間でアメリカ合衆国を巡るというのもありだが、ひと月あればアメリカを横断するコースもおすすめ。ルート66を辿り、途中、ラスベガスやグランドキャニオンを見ながら金曜日に目的地を目指すのもいい。

目指すは時間どおりでなく、一日一時間と決め、東から西へあるいは西から東へと一週間ずつ過ごすのも面白い。物見遊山という旅ではなく、ゆっくり巡るアメリカ大陸横断の旅だ。

アメリカ・ニューヨークのセントラルパーク

通りすぎる旅にはならない場面も多く、街のあちらこちらに意外な面が多く、入るレストランも変えながら移動する旅になるだろう。治安が良いとはいえないので、アメリカだけど日本語が通じるところも2度目の見所がある。

周遊編
中国ごとの面白さを知る周遊旅
中央アジアなど旧共産圏に注目

　複数の都市を回ることを「周遊」という。国境越え、風景の変化、文化や服装、通貨の違いなど、周遊旅には旅の面白みが詰まっている。

　ここまで紹介してきた東南アジアの周遊、ヨーロッパの周遊のほか、近ごろ人気なのは中央アジアの周遊だ。日本からタシケントに直行便があり、シルクロードの風情たっぷりで物価も安く治安も比較的いいことから、旅が楽しいと評判。見どころの多いウズベキスタンを中心に2週間あれば3カ国ビザ取りを頑張れば5カ国周遊も可能だ。詳しくはP.12を参照してほしい。またクロアチア、ボスニア・ヘルツェゴビナ、アルバニア、コソボなどを巡るバルカン半島の周遊も人気が高まっている。かつての紛争地帯もいまは治安が安定し、クロアチアのドブロブニクを除けば物価も安く、交通の便もいい（P.10）。ジョージアやアルメニアなどコーカサス地方も見どころが多い。これら旧ソ連圏、旧共産主義諸国はインフラが整い物価も安定してきたこともあり、世界の旅人が多く訪れるようになっている。

　周遊の旅では、航空券を買う前に入域ポイント（イン）と出域ポイント（アウト）をまず決めることが大切だ。カタール航空を利用してドーハ乗り継ぎでヨーロッパに行く、などといった場合、行きは日本→ドーハ→ロンドン、帰りはヘルシンキ→ドーハ→日本。ロンドンからヘルシンキまでが周遊の旅となり、移動手段はまた別途考えていくこととなる。必ず国境越えが発生するので、世界情勢や国境事情にアンテナを張ろう。

中米・南米

冒険編

いつかは行きたい。南米やアフリカも夢じゃない—遺跡

いまも渡航書類が「直行便」を紹介してまでに「支通機関が発達したあたり安くなった場所もたるい安くなった「治安」よりの「直行便」あはまたしていたあたりなは複数回目までははじめての旅に比較的入りやすいい場所、あまりよくわからない場所だったり、ちょっとした冒険気分の味わえる地域

音楽としてラテンアメリカの風情が満載のキューバ、イルが多くらまい南米と臨だけで魅力するコロンビア、マヤやアステカの文明の遺跡など中米は美しい海と文明の遺跡を保して一週間願わくば2週間ほど旅の上では距離を感じしても国も国土が広いだ日本から見たら地球の裏側なので距離がある、短期の旅の上では距離感はあるが、見たらた日数程度は確保

モロッコのタンジェ。ヨーロッパから気軽に行けるアフリカだ

語学留学のアプリケイションしている中南米ここに短期でアリカを歩くすべて入れて海は現地の基地と覚えて旅はインレてカリブ海は現地の基地として語る

210

クルーズ船も多く出ている。

南米はペルーのマチュピチュ遺跡に行って帰って来るだけなら10日間でもいいが、1カ月あればボリビアのウユニ塩湖などもゆっくり回れる。ペルー、ボリビアから旅をスタートさせ南下してチリ、アルゼンチンと進むのが王道コース。どの国も街も見どころが多く個性的なので、これも1カ月以上は欲しい。

言葉はスペイン語かポルトガル語がほとんど。治安が悪い街かなり多いので、危険な場所、近づいたらいけない地など注意すべきところの事前チェックは必須だ。

アフリカ

ヨーロッパから目と鼻の先のモロッコ、チュニジア、エジプトの北アフリカは観光客も多いので、ヨーロッパひとり旅のあと、2度目3度目のひとり旅で出かけてみるにはようという「プチ冒険」的なエリアだ。

そのほかのアフリカは内陸に行くほどディープさを増し、エリアや国によって観光が楽しめる国もあれば、それどころではない国もある。訪れる場合はアフリカでなにを見たいのかはっきりさせて、行き先の渡航情報を見るところからスタートだ。

キリマンジャロ山や動物サファリの大自然ならケニアやタンザニアの東アフリカ、大都市と砂漠が混在する南アフリカやナミビアの南部アフリカ、伝統文化が色濃いガーナやセネガルの西アフリカ、遺跡が多く残るエチオピアなど、アフリカは行ってみたいところが多い。しかしその旅はハードだ。

まず、ビザの最新情報を常に確認すること。陸路移動のときは特に大切だし、そもそも陸路の国境越えがルートによっては大変だったりする。ビザのトラブル、ワイロの要求、悪路、事故障害など、ディープな旅人たちから聞く「武勇伝」の多くはアフリカのエピソードが多い。道によっては治安が悪く通れないところもあるので、アフリカ周遊の旅に出るときは、とにもかくにも道中での情報収集が大切になる。比較的安全とされる1カ国や1、2都市から動かないなら大丈夫だが、その場合も中南米と同じで危険な場所や近寄ってはいけない場所を把握すること。

言葉は現地語のほかフランス語、英語など(どこの植民地だったかで公用語が変わる)。予防接種が必要な国もあるので注意したい。

SOLO TRAVEL GUIDE 006

世界一周編

ひたすら乗り継いで行く？
世界一周航空券を使い

世界一周航空券を使う

なるべく用をかけずに地球をぐるっと一周したいのは、東へ東へ、または西へ西へと飛行機を乗り継いで回ることだ。資金100万円でも可能だという。

日程は半年から1年が現実的だろう。誰でも世界一周（東へ、あるいは西へ）航空券を携えていくらしい。

日本航空が加盟するトップツアーという「ワン・ワールド」のような、複数の航空会社がアライアンス（提携）を組んで提供するサービスが「アライアンス系の航空券」だ。各航空アライアンスを利用する世界一周航空券である。

航空会社が加盟するグループに「スカイチーム」、日本航空が加盟するのが「ワン・ワールド」、全日空などが加盟するのが「スター・アライアンス」の十数社の航空会社である。

エスターアライアンスだと立ち寄れるのは「世界一周航空券」のルートはロンドンなどから出発する「グローバル・エクスプローラー」などがある。料金は大陸の数で「3大陸」「4大陸」などでルールがある。大きく違うのは料金の決まり方で、マイレージ（距離）と大陸数である。スターアライアンスは数えるとキロベースで料金が決まる。

ロンドンから出発するのは1年で最大33万円。1カ所まで大陸内ではは最大16回まで飛行機に乗れる。ただし、1方向にだけ進まなくてはならない（Uターンできない）。そんなこんなで最新情報はネットでしっかり確認しよう。帰国後にマイルが使える制度も。

世界は広い。だからこそ、どこにだって行ける

212

イレージアップロードして無料の航空券が手に入るのもうれしい。通年で料金が変わらないので、シーズンを気にせず旅ができる。

ただ、出発前にルートを全部決めないといけないのがデメリットといえばデメリットだ。旅をスタートさせてから気持ちが変わることなんてよくある。途中でストップしたくなったり、回る順番を変えたくなったり……。手数料を払えば日付やルート変更はできるが、ルート内での変更になるので縛りはある。確実に世界一周はできるが、停滞せず予定通り前に進む強い気持ちと計画性が必要。また、予定が決まった旅なので意外と忙しく、だらだらのんびり旅したい派には向いてないかも。

一周する方法あれこれ

ほかにも世界一周する方法はある。

まず、航空券などの切符を買い足しながら旅をしていく方法。日本からLCCで少しずつつないでいけば世界一周はほぼできる。LCC路線がないところは一般の航空会社、あるいは陸路や鉄道で移動すればいい。

飛行機でなくても、船で出国し金山や上海に行き、行けるところまで陸路で行ってときどき飛行機という陸路にこだわり派もいる。時間はかかるが、安さは追求できる。バックパッカー旅行に徹して物価が高い国に長居しないようにすれば、かなり長く旅が続けられるはずだ。

もっと変わった方法としては、世界一周クルーズもある。格安で若者にも人気のピースボートは100万円台からだが、ボランティアで内勤やポスター貼りをすると割引にな

るシステムがある。

世界一周中の旅人たちは盛んにSNSやブログ、note、動画投稿をしているので検索してみよう。「世界一周 旅行ブログ村」などを見ているとこんなに世界一周している人がいるのかとちょっと驚くが、旅のテクニックやルートなど、参考になることも多いだろう（ただし、盛った体験談には用心しよう）。

ゲームのように旅をするのでなければ、世界一周達成をゴールにするのではなく、できればならないくらいに考えているのがいい。インドが気に入ったら徹底的に歩けばいいし、南米から北米に引き返してもいい。

自分が旅のなかで何かを感じ、誰かと出会い、なにをしたくなるのか。それを見つけることが、たぶん、旅のゴールとなる。

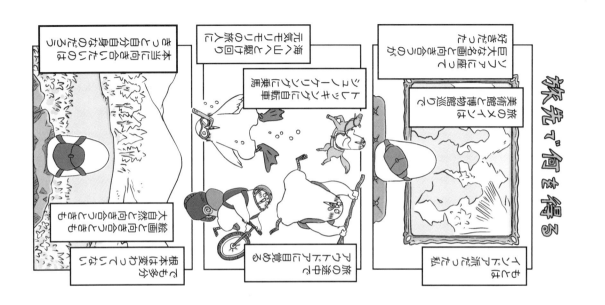
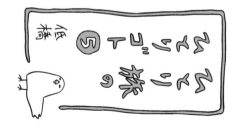

旅で待つピンチの数々

[トラブル＆帰国編]

CHAPTER 5

215

旅のトラブル――病気

渡れる前にひとはり休みすぎが大切

欲張らず、

SOLO TRAVEL GUIDE 001

旅はじまる前の忙しさで風邪頭痛、腹痛になることもあるが、「一!」おなかすいたからといっておっきくきちんと食べてもいいし、雨降ってきたからといって休みたくなってもいい。無理する理由はないのだから、体調崩してしまったら、旅立つ前に大きく体調がよくないと気づいたら、自分で動けなくなったりしてしまうほど不調になってしまうから。

「お疲れのときは休んだときは、ベッドに入ったらすぐに眠れるべきだが、旅先ではホテルにあるコーヒーの香りが自分の体調の繁張状態により睡眠や興奮状態や体調のコントロールができなくなる。「疲れた」と自分に属されたら体を休めるべきである。

「辛くてもひと旅のときに、メリハリをつけ自分を甘やかすといい。好きなものを食べる。1日からしていた予定を1日にまとめる。体調がしんどいとしか感じなかったら、食欲が十分な水分と眠りと休養をとり、不安なら回復する。

ぽうおは1日から2日で回復するが、旅の感染症のリスクが出たら、

気を付けたい感染症

迷わず、病院へ。それでも不調が続くなら。

雑菌がいるたり地域に加え、暑さからの熱中症の恐れもあるだけに。世界各地情勢を知ろう。海外からないかと見ろうがいかにも世界は狂っているし、麻酔(はしか)などいただけない感染症の恐れもある。コレラ、デング、エボラ、ラッサ熱なども先へと航路の安全なことで、最新の渡航先情報を知って気をつけたい。

十分注意すること。観光に夢中で気がついたらふらふら、なんてことはよくある。昼寝の習慣がある国は、暑い時間に活動しない理由があるのだ。うっすら熱中症っぽい、と感じたら、すぐホテルに戻り、冷房をがんがんに効かせ、バスタブがあれば水をはって水風呂に。氷があればそれをタオルにくるんで首筋などを冷やす。大量の水分をとってとにかく体を冷やそう。ポカリスエットの粉末などはこういうとき役立つ。

そもそも、温暖な島国以外の土地（世界ほとんどの土地がそうなのだが）の気候は、ヤワな身体の日本人には厳しい。冬の乾燥と冷え、夏の日差し、雨季の湿気、室内の暖房・冷房の効きすぎ。どの季節に行っても温度や湿度の差で風邪をひきやすくなる。呼吸器が弱い人は、のど飴やうがい薬、マスクで防御を。コロナ禍を経て、消毒液や手洗い、石けんの配置など世界各地の衛生状況は改善されたが、日本には及ばない地域がまだ多い。あるいは、水が原因でお腹を壊すこともある。軟水で暮らす日本人は、硬水に慣れていないからだ。ちなみに下痢については、軽い症状ならあまり怖がらない。はじめてのスパイスや味にお腹がびっくりしているだけ。慣れると治ったりする。ただし1、2日様子を見て、どんどんひどくなっていったら迷わず病院へ。

予防には、生野菜を食べない、飲み物に氷を入れない、屋台では食器類をウェットティッシュで拭くなどが有効。好奇心からの食べすぎにも要注意だ。腹八分目がベスト。

各地で被害を聞くのが、ホテルのベッドに潜む南京虫（トコジラミ）やダニ。旅行者はスーツケースとともに迷惑な虫を運んでしまう。寝ている間に血を吸われ、数週間はどこかゆみに悩まされ、跡も残る。湿気が多い場所を旅するときは特に注意したい。宿を予約するときは口コミで清潔度の評価を確認。到着後はとりあえず寝具のシーツなどをチェックして、汚れていたり違和感を抱いたら、部屋を変えてもらおう。

持参したい薬

海外の薬は精製が甘かったり、強すぎたりすることがある。いつもの薬はある程度持っていこう。

・頭痛と生理痛薬（鎮痛剤）・風邪薬・整腸剤・胃薬・目薬

アウトドア活動もある場合、虫刺され薬も持参したいところだ。

SOLO TRAVEL GUIDE 002

旅のトラブル 2　事故

交通事故が起きてからの対処法はあてにならないようなもの

けがをまず落ち着く

なと医療しても事故だと、トラブルが巻き込まれたり、歩いていた海外の通場合があるだけでなく、外の国だと、トラブルが巻き込まれたり、歩いていた海外の場合、自動車と接触し、骨折などの身体の安全を確保したうえで、動けたらすぐ自分だけは転んだだけなのか、自分の安全を確保したら、自動車の状態を見て、すぐ道にはたりまずが

肌身離さずパスポートと保険証を

いるで周知のところにはラブの保険証内情報病院の保険証内情報病院の待機を待たなければならない（一応保険がおりるにしても自分で病院に行ってしまうという救急車を呼ぶだ医者や救命士には余裕があるならば医療治療をうけて先の救急車を呼ぶだ助けとしても動けないぐらい出血のひどい有無を確認し、助けとしても動けないぐらい出血のひどい有無を確認し、

診断書の持参入院にそなえて

要かもそろえているまですと安心（スマートフォンが通話に手持ちに保険会社ののサービスなど電話番号を控えているなら同行者や友人から誰か話せるもらうから同行者や保険付きに付き添ってもらうなどには、同行者してもらうに電話

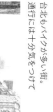

台北もバイクが多い街。通行には十分気をつけて

ルを頼む。ショックでなにも考えられない、という場合、サポートセンターの助けを借りつつ治療費を確認し「自分は旅行者である」「保険に加入している」などを伝えたい。事故のときにそこまでできるかは現場でないとわからないが、理想の段取りはそんなところだ。

長距離バスや列車で事故に遭ったら、まず周囲の乗客に声をかけ、連帯として身の安全を確保しよう。命に関わることなので、翻訳アプリも駆使してコミュニケーションを図ろう。

巻き込まれたら負けない

現地の人に巻き込まれ事故が起きた場合、簡単に謝らないこと。「ソーリー」といった瞬間に、先方のミスがあなたのせいになるかもしれない。海外の人は議論が上手だ。周囲の人が見守るなか、自分の正当性を主張しようとする。なにが起きたのか確認し、自分のけがや損害、相手の状態を確認。相手が立ち去らないうちに警察を呼ぶなり、証人を見つけるなり、冷静に事をすすめたい。

言葉ができないという気後れがあるだが、衝突事故など本当のトラブルになれば警察がきて、通訳の手配は、相手と2人きりでの交渉に持ち込まれてしまうこと。女だから、外国人だからとナメてかかられる恐れがある。海外旅行保険のサポートセンターは、そんなときにも力を貸してくれるので電話して相談を。

事故、起こすと

都市にもよるが、日本ほどには交通ルールが守られないことが多い。ベトナムなどはバイクと車の渦が途切れず、どこかで強引に渡らないといつまでたっても道が横断できない。ローマは「ドライバーがこっちの目を見ながら横断歩道に突っ込んでくる」という怖い話も聞く。

そんなところでスマホを見ながら道を渡ったら危険この上ない。自分の身を守るのは自分しかない。周りの様子を見ながら歩こう。

こちらが加害者になることもある。自転車、バイクなど免許なしでも、スポートで気軽に借りられたりするので、調子よく走っていると、飛び出してきた歩行者や動物たちにぶつかってしまったり、車と接触事故を起こしてしまったり、駐車違反で罰金やケイロをとられる、なんてこともよくある話。基本の交通ルールは把握して、事故のないよう行動を。

旅のトラブル3 犯罪
「被害にあうトラブル」を迅速に対処し予習して

●トラブル・ぼったくり評価（アジア）主にアジア

ミサンガをあなたの手首に巻き付けてあげたと言い売りつけ、あとからお金を要求

●押し付け評価（各地）主に交通

「道だ」と道を渡った男が道を聞かれて答えたあとに「悪い」とあとからアジアで金を要求、あるいは麻薬の売人

三 警官のか親切なのか評価

違反だと言い（2）財布を確認してくれ、あとは麻薬の売人

ふだん緊張した手口の簡単さはまさかと思うほどにあっけないよう「まさかそんなだとは」だと思ってしまいます

いかに事前の知識があるか次第で旅先では防げるトラブルの方法である

犯罪例
最大は世界のどこに行ってもある、カードのスキミングされる
トランプなどの賭け事で有名ないかさま、仲よくなった人に誘われる家に大行き賭け事で釣り

あたりはどんな区別ない、しかも飲み物はおすすめない
たとえば話しかけられてちょっと、仲良くなって出会った人たちは全て無料だが、それが親切は無難だろう

しかし飲み物などまさか入っているかもしれない

地帯の区別なしに特に警戒心がわきおろしの持ちかけをかけた人、声をかけられても無視、数路人「密集して」用も防衛の姿勢だと

SOLO TRAVEL GUIDE 003

強盗には頑張らない！

「スリ」「置き引き」「ひったくり」。これが日本人旅行者が遭いやすい盗難系犯罪ワースト3だろう。

席とりのためにかばんを椅子に置いていったら、次の瞬間かばんは消えている。子どもにカメラを向けたら集まってきて取り囲まれ財布を抜かれることもある。ホテルでも油断はできない。ロビーの置き引きはもちろん、旅人同士の盗難もあるし、フロントに預けた荷物やポケットの中身が全部消えた、なんてこともある。

強盗はナイフを持ってホールドアップ、首をしめて気絶させる、という凶悪なものもあるが、観光地ではアイスクリームをかけて気をそらし財布を盗む、大道芸人が客じとりをする間に相棒がするといった、油断につけこむ系の犯罪が多い。

荷物から目を離さず、大事な荷物は肌身離さず、が基本だ。街によっては大金やパスポートを持ち歩くのが危険な場合もある。ホテルが万全とは限らないので、スーツケースに入れて鍵をかけるか、貴重品ロッカーに入れる。貴重品の持ち方はP.102を参照してほしい。

犯罪に遭ってしまったら

ひったくりや強盗には、まずは身の安全を確保すること。かばんの奪い合いになってけがをしたら元も子もない。かばんは手放し、強盗には小銭入れの財布を渡す。そのために、お金は分散させたほうがいい。

貴重品がなくなったとはっきりした時点で、急いで対処に走ろう。クレジットカードやスマホは停止する（カードやスマホの紛失・盗難窓口の連絡先を控えておくと安心）。スマホにロックをかけていなかった場合、ホテルのパソコンを借りてあらゆるパスワードを変える（「スマホを探す」モードをオンにしておくと、GPSで追いかけられる）。そのあと警察に被害届を出し、保険請求用に盗難・紛失証明を作ってもらう。

パスポートがなくなったら、最寄りの日本大使館・総領事館で新規発給手続きをする。帰国日が迫っているときは「帰国のための渡航書」を発行してもらい帰国後手続きだ。

被害に遭うとショックは受けるが、できるだけ引きずらないよう切り替えよう。世界どの国にも、いい人もいれば悪い人もいる。幸いにも被害が小さかったら、勉強代と割り切って引き続き旅を楽しもう。

運命の出会いは…

男きな体から好奇心もあるのか、単に目的もなく旅する女性は目をつけられやすい。もしあなたが困ったふうな顔をしただけで、気にかけてくれる人が多い。空港の係員から「ニーハオ？」「アニョハセヨ」……

旅の中で出会う人は多数あるが、「運命の出会い」というものもあるだろう。物を落としたときに拾ってくれたり、重たい荷物を運ぶのを手伝ってくれたり、道に迷ったときに道案内してくれたり、そんな親切な女性＝「運命の人」だったりするかもしれない。声をかけてくれた人に対してあからさまに無愛想な態度はよくない。お礼の言葉だけはかけて、あとは運命に身をまかせよう。

ただし、近づいてくるすべての人が「運命の相手」とは限らない。下心があって近づいてくる相手もいる。流れに身をまかせるとしても、初対面の相手には気をつけよう。絶対に避けたいのは、お茶や飲み物を口にすること。睡眠薬強盗の目的で身体を触ってくるようでは論外。個人情報の名前などもできるだけ教えないようにしたい。旅の期間、宿泊先からも目をつけられる危険性が高まるからだ。初対面で高すぎるフレンドリーさが垣間見られるのなら、本気で相手には要注意。

旅のトラブル 4　女ひとり旅のピンチ
世界にある（？）ナンパと
被害者にならないためには

SOLO TRAVEL GUIDE 004

ンキュー」と立ち去りたい。

チカンやセクハラ許すまじ

残念なことに、チカンやセクハラは世界中で遭遇する。人混みはもちろんだが、観光施設も例外ではない。美術館の係員に隅のコーナーに連れて行かれハグされた、マッサージ師にけしからんことをされた、警官に呼ばれてキスされた、ホテルスタッフが「窓の点検をしたい」と入ってきて押し倒された、など「信用できそうな人にやられた」パターンが意外と多い。ミャンマーやラオスでは、お坊さんにセクハラされた、というまさかの例もある。

もちろん、悪いのは触られたあなたではなくチカンやセクハラをするほうだ。だが「こういう人もいるのだ」と念頭に旅をしないといけない。

女性の社会進出が進んでおらず、女性の地位が低い国だと「女になにをやっても構わない」と考える男がいるので特に注意したい。

まずは、2人きりにならないこと。土産物屋のおやじが「マダムもっと奥にいいものが」といってきたり、ガイドが「あっちで見る夕日はもっときれいだよ」などと「2人きり」方向に誘導してきたら、付いて行ってはいけない。

また「おや?」と思った時点で「NO!」と怒るか(これだけでけっこう撃退できる)、抵抗すると危なそうなら早くその場から逃げて、別の人がいるところに避難する。

性犯罪に遭遇したら

いちばん避けたいのは性犯罪の被害者になること。ナンパから発展してレイプされることもあり得る。雰囲気に流されるのはダメだ。

最初から犯罪目的の連中を避けるに「地元の人が危ないというところには行かない」「知らない人には付いて行かない」この2つを守るべく。静かな夜道のひとり歩きは避けたいし、夜、外から帰るときも無許可タクシー(白タク)の利用はやめよう。後ろから来た車に道を聞かれ、立ち止まったらそのまま車に連れ込まれたり、白タクで郊外に連れて行かれたり、「ついうっかり」の油断が原因で犯罪に巻き込まれる。

万が一、被害者になってしまった場合、ショックだろうがとにかく病院へ。感染症などの検査をしてもらい、できれば妊娠を回避するアフターピルなどを処方してもらう。そのあと、被害届など次の策を練ろう。

旅のトラブル5 天災テロ
情報収集と解決できない身の安全を第一に
トラブルは

旅先が世界でもトップクラスから立ち上げられる国際ニュースを見出し、同じような位置にある先進国でも、海外における把握しにくい

●対処法1 最低限の危機管理は行っておく

自然災害やテロは予測しにくいが、それでも天災やテロに遭ったら？

これはどうにもならないこともあるが、それでもなんとかなるトラブルは自力で対処する

所仕事上の多いので、別に安全情報ホームページを読破するだけでも大変情報が詳細で行き届いたものでも、長期滞在者向けの項目が国や読者に話しかけてくれる説明役も

「本書に何度が登場した外務省の海外安全ホームページ」

●対処法2 安全情報から判断材料を見つける

これぞ日本発の国際ニュースから時間的に疎くなっていく、とにかくスマホでもパソコンでもいい、BBCなどの情報サイトから国際ニュースを速

【外務省海外安全危険情報】

読むべきは「最初の旅行者は大丈夫」の犯罪発生状況と危険情報、安全対策基礎データとなれる最新

とはいえ、「特別に注意」ある1つ、十分注意してください」が危険を避けてください」「不要不急の渡航は止め

■情報が掲載されるページに旅行してはいけない危

■旅に出る前に「外務省海外安全危険情報

224

てください」どうしても行かなければいけない人以外、旅行は避ける。渡航しても安全対策が必要。

■レベル3「渡航は止めてください」
■レベル4「退避してください。渡航は止めてください」

渡航を送るとき、レベル3とレベル4論外として、レベル2は微妙。国全体が指定されるわけではなく、特定の国境だけとか、ある街だけレベル2、というケースが多い。

この場合の危険はテロや自然災害、伝染病、政情不安などさまざまで、状況は日々変化する。外務省が定義する安全レベルはシビアだし、すごく危険がないと現場では考えていて、多くの旅行者が訪れていても「レベル2」のままということもある。ただ、なぜそこが指定されているのかは貴重な情報。把握しておきたい。

●対処法3 「たびレジ」に登録

旅先でも現地でも安全情報が入手でき、渡航期間や渡航先を登録しておくと、重大事件や事故の情報配信、大規模なストやデモの予定など注意が必要なイベントについて注意喚起メールが送られてくる。

https://www.ezairyu.mofa.go.jp/

小規模なストライキはインドなどアジア各地、ヨーロッパの交通機関などでたまに遭遇する。予告もあるので、航空会社がストに突入するのが事前にわかっていたら、予定に幅を持たせ、最終立ち寄り地には早めに到着する日程にしておくと対処しやすくなる。なお、海外では選挙の集会やエキサイトがちな場なので近寄らないほうがいい。

●対処法4 近寄らない／逃げる

不運にも現場に遭遇した場合、まず身の安全の確保を図る。デモの様子を見に行ったり、テロリストに抵抗したり、もちろんデモの写真を撮ったりしたらダメ。全力で逃げる、あるいはいったん身を隠し、様子を見て日本大使館など情報が集まる場所に逃げ込む。近くに高級ホテルがあればそこに退避してもらい。世界の旅行者が集まる場には、情報も集まりやすい。パニックになりそうでも、がんばって深呼吸して、周囲の人と助け合いながら乗り切ろう。

●対処法5 行かない

テロや伝染病の危険があるなら、「行かない」という選択肢もある。常にニュースをチェックしつつ、タイムリーな情報はSNSが頼りになるので世界の声にアクセスして、冷静に判断しよう。せっかく行っても外出できずに詰まるでは台無しだ。

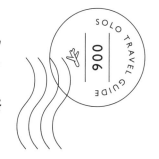

カードについているときに知っておきたい 海外旅行保険加入のコツ

海外旅行保険にはいらないカードでの付帯の保険には要注意

お金がかかるからといって海外旅行保険に入らず、航空券代やホテル代だけを払って旅に行ってしまう人がいるが、それは悪魔のささやきだ。気をつけていてもケガをしたり病気になったりする……万一のときにお金が足りないということがあってはならない。カードを利用すると付帯する海外旅行保険というのに頼り切っている人がいるが、カードの保険内容にかかわらず自分でカードを持つべきだ。また、保険が付いているカードを使用するときは耳を貸さないように……保障が付くようになっていなかったり、保障が不足したりするからだ。

ドの使用額が保険を使用していなかったりする事を確認し、カードが使用していないときは使用していないときに行った治療費などが高額になるかもうかも確認したい。カード会社と提携する海外の保障金額は少なく、死亡した場合は使用しなくても、ちょっとした保障の割合が厚いが、高い治療費がかかったときは確認して行きたい。カード会社が提携している治療を用意しているため、手続きなどに時間がかからず、カード会員は海外旅行保険会社と保険料を補い得るような仕組みを利用して

高い治療費・入院費

たとえばニューヨークでの入院料は初診料が1日2,000〜5,000ドルだというと、病院に行ったということは

ドルかかったときには近場であるとしても、「病院でも50ドル程度かかり、最近は海外でも歯の治療はジワジワ値段上がっている」。また歯の治療は日本でも保険外のため、100〜150ドルで済むこともあれば、それ以上払えば払えなくもないが、払えないとえらく払わされる、という恐ろしい話がある。保険がないなら、いざというときの支払いが激しい。

おのずとネット限定の保険は申し込むのでたいしたネットでしか申し込めないが、おねだりしても掛け捨てでも保険加入も必要だろう。申し込み選択肢が多い。格安競争が得なる保険

226

ただし、ネットで申し込んだときは、契約内容、特にキャッシュレス対応の病院や24時間対応の日本語ダイヤルがオフラインでも確認できるように契約書面をダウンロードし、さらにプリントアウトしておくこと。緊急時にネットにつながらなかったら元も子もない。

空港カウンターなどで、対面で申し込んだ場合は契約書面とサービス内容が記載された小冊子がもらえる。契約書面は貴重品扱いにして、冊子はいざというときに確認できるよう大切に保管しよう。

たいていの海外旅行保険は疾病（病気）や傷害、携行品など必要な内容が組み合わされ、補償金額による掛け金が異なるセットプランが用意されている。これに飛行機の遅延やホテルキャンセル保険など、自分にとって必要だと思われる保障をプラスしておこう。

安心のキャッシュレス

海外旅行保険の最大の強みは、提携医療機関でキャッシュレスで治療が受けられる「キャッシュレス・メディカルサービス」と、最寄りの病院や医者の手配、トラブルの対応についてアドバイスをくれる「24時間対応日本語アシスタント」はほとんどの会社がどちらも提供している。

病気やけがで病院に行きたいときは、契約時に知らされるキャッシュレスの病院に行くか、迷うときは日本語アシスタントに電話。病院に行くときはパスポートと保険の契約書を忘れずに。また、たとえば喘息など持病といえるほどでもないがよく出る症状がある場合、いつも使っている薬があるなら、その薬の名前も英語でメモしておき病院で見せよう。

病院で契約書を提示すると、契約内容にもよるが、キャッシュレス対応の病院ならば、そのままお金を払わずに治療を受けられる。キャッシュレス対応の契約病院でない場合は、ひとまず治療費を自分で払う。クレジットカード払いが可能なところと、現金のみのところがある。

治療費を自分で払った場合は、治療後に病院で払った内容の明細と領収書、診断書を受けとり、帰国後自分で保険会社に連絡して、払ってもらう手続きをする。必要書類は契約書でよく確認しよう。

加入したときに限ってなにも起こらない、というのは旅慣れた人によく聞く話。旅のお守りがわりに必ず入っておきたい。

旅の達人アンケート
安全のために心がけていること、対策グッズなどを教えてください。

- 歩きスマホ、歩きガイドブック(?)は絶対にやらない。道に迷っても安全なところまでは堂々と歩いて、壁に背をあずけて死角がないところで地図を開くようにしています。また、混雑した大きなハブ駅や広場などスリが多発するといわれる場所ではまずはじめに全体を俯瞰できる場所に立って、怪しそうな人の傾向をチェックします。例えば地下鉄は1〜2本見送って全体を見渡すと、後ろからリュックを狙っている人がいるなどが分かるように。

実際に鍵をかけなくても、手荷物には南京錠やワイヤーロックを付けるようにしています。気休めかもしれませんが、これだけでも狙いづらいなと思ってもらえるかなと。

(水野)

- 外国人だというだけで目立つ国では、歩き方にも気を配るようにしています。周囲と歩調を合わせながら堂々とつまなく横歩くことを意識。道の端の方を歩くよりも、でも神経は研ぎ澄ませて街を回ります。ひとりだたんでいるときはなかったのに、旅先であった同じ日本人の女子と歩いていると、絡まれることも。意外とひとりでいる方が、変な人に話しかけられる確率が低いかもしれない？というような気もします。

(渡辺)

- ホテルは周辺の治安が最優先。できれば駅もしくは空港バス乗り場から徒歩5分以内。
- 歩きながらひとつすぐな姿勢をしつつ、道の
- 夜は極力ひとりでは出歩かない。
- 治安が不安なら日中でも車で移動する。
- スマホは外では極力カバンから出さない。
- 治安が不安な国・地域は、現地の日本大使館が発行する「安全のしおり」を一読する。
- 声をかけられたらひとりでも「現地に友達がいる」と言う。

(シカマアキ)

228

● 町を歩いているときは周囲に注意しながら歩く。スマホを見ながら歩くのは隙間が生まれるので NG。
● カフェで席に荷物を置いたまま席を外さない。
● スマホ、カメラなどの貴重品をテーブルの上に置かない。
● バッグはきちんと口を閉められるものを肩に斜めにかけて使う。トートバッグは NG。

（久保田）

新しい国に入る前に、必ずその国の基本情報と宗教、習慣などを調べています。NG行動はトラブルに直結してしまうので、「郷に入っては郷に従え」の精神はとても大切だと思っています。また、よくある犯罪被害なども調べます。事前に知っておけば避けられるトラブルは多いです。

（高橋）

● 海外旅行保険に入る。
● 飛行機、宿泊、ルートが決まれば、出発前に家族に知らせておく。変更があればその都度、メールする。
● 夜、出歩く時はホテルの近くにとる。ひとり旅の時は、宿の人にどこに行くか知らせておく。
● 疲れたら予定を変更してでも寝る（調子が悪いと判断力がにぶる）。

（白石）

● 地方では夜遅くまで出歩かない。
● 自分の体力と相談しながら、スケジュールを組み立てる（無理はしない）。

（小暮）

暗くなったらなるべく歩かないようにしているが、暗い夜道を歩く時のヘッドライト。道路が整備されていない地域では、スマホのライトだけでは十分。

（もり）

停電・暗い場所にそなえて

文：もりひともこ

TRAVELER'S NOTE

スリランカで"穴"に落ちたことがある。暗い夜道、歩道のドアの蓋が開いたままになっている部分に気付かずに、スポッと落下した。しかも結構な深さがあって胸まですスポッと…。私の前を歩いていたアルゼンチン女子は、相槌を打っていた私が突然「わっ」と声をあげ、振り向いたら視界から消えていたからしい。幸いドアは入っていなかったし足ばけがでばらが滲んだ。この"スリランカの穴事件"以来、私は夜道を歩く時は必ず懐中電灯（ヘッドライト）を持参するようにしている。海外では停電も多いから、懐中電灯は手放せない。

2024年、バングラデシュでは首都ダッカで、インドでは北部のダージリンでもちょこちょこと停電を経験した。スマホの明かりはバッテリーを食うから、停電時には使いたくない。加えて、停電がひんぱんに起こる町というのはたいてい街灯も少なく、道もデコボコだから、足元を照らす明かりは常に必要だ。ベトナムの南の海辺の町、あれは2023年の2月。ある午後、私が泊まっていた

宿にチェックインした韓国人カップルが、エレベーターに乗った瞬間に停電が起こり、中に閉じ込められてしまった。「暑い、助けてくれ！」と、3階で停まったエレベーターの中からの声に気付いた私が階下に伝えに行くと、スタッフの青年は、「オーナーは不在で僕は何もできない、非常用のバッテリーは十分では持てつしかない。ここはベトナムだから終わる時まで待つしかない」と告げた。

ちなみに前日の停電は10時間。

結局、オーナーがやってきて、梯子や工具を使ってエレベーターのドアをこじ明け、中にいる彼らを救出できたのは2時間後。ドアが開くと、韓国人男性は10分くらい大声で叫び続けた。女性は床に座り、汗で濡れた頭をスーツケースにもたげて涙を浮かべていた。先の見えない状況で、暗闇に閉じ込められる恐ろしさ。この"ムイネー・エレベーター事件"以来、私は停電がある町ではエレベーターに乗らないようにしている。旅先で、安全対策がダメな宿や、ドアの蓋が開いたままになっている国では、自分の身は自分で守るしかないのだ。

230

普段からやりたくない料理や洗濯は旅先でも面倒くさいのだと痛感！

文：水野千尋

TRAVELER'S NOTE

日ごろから365日ウーバーイーツ、作り置きサービス、外食で回してしまった料理をしない私。それどころかティーバッグでお茶を淹れるのも面倒くさくなったら沸かしただけのお湯を飲むむ、ミカンの皮はし夫に剥いてもらい口に運んでもらっている。いや、引かないでくれ。おいしいものを食べることは好きなのだ。ただ、料理する時間があったら仕事に充てたいだけ（完全なる言い訳）。

コロナ禍を経て、物価高・円安で旅好きには厳しい情勢のなかイタリアへ行くことにした。いくら美食の国とはいえ、毎日レストランでおいしいものを食べているわけにはいかない、と日本からインスタント食品と折りたたみケトルを持って行ったのだが、宿に戻ってお湯を沸かしてインスタント食品を作ることすら面倒くさいではないか！外に出たらもさんの誘惑があるのに、カップラーメンは味気ない！なーんて発想で出来合いの食、テイクアウト、スーパーで出来合いの総菜を購入することで乗り切った。食費はかかるけど、普段からエンゲル係数高めだからね、と言い訳をして。結局インスタント食品を余らせて帰国したのだ

が、唯一折りたたみケトルを使ったのは、宿で緑茶を飲むとき。海外の緑茶は甘いことが多く、それだけが恋しいのだ。

さてさて、ここまで読んでくれた読者にさらに白状してしまうと、もうおふろかもしれないが家事もまったく好きではない。洗濯も近所に住む母親にやってもらっている。あ、あと風呂掃除などもすべて母頼み……。そのため、本来は日数分の衣類や下着を持って行くのが理想だが、10日を超える旅になるとさすがに難しく、洗濯（手洗い）をしないと乗り切れないが、これまた本当に本当にやりたくない！面倒くさいあまり、匂いが気にならなければ翌日も同じものを着ていることも多かったのだが、それはさすがに人としてどうなんかん！と下着とインナーは荷物が許す限り何枚かセットを持っていくようになった。ひとつの宿に連泊する際はホテルなどのランドリーサービスを利用するのも手だし、早く乾くTシャツは一枚を何枚も洗濯したくないと、最近はあまりに洗濯したくないときは現地のユニクロなどで新しい服を購入してお金で解決するという、悪いワザを覚えてしまったのはココだけの話だ。

TRAVELER'S NOTE

それでも旅が好き

文：もりひとこ

でも人があまりにも親切だったので当然のことと言葉に甘えてしまったが、日本に帰ってからあんなに頑張ってくれた人たちに「ちゃんとお礼をしなかった」ことを後悔した。

そこで「SIM」を日本に着いて2日目に電話会社に日本で一日だけ過ごしたといういう彼の90年語くらいは覚えていたのだろうか、日本語は全部忘れてくれた、当時の私は英語がほとんど喋れず、また当然タイ語もできなかった。日本に来てくれてSMS交渉をしたのだろうか、段取りが全てスムーズに進み、私は宿やバンコクやプーケット旅行中の毎日を手配してくれた。

私たちは似たような人ばかりだった印象だが、経済的に日本の1・4倍、国土は日本の40倍ある。空はどこまでも広く、大河は昔色の泥流が漂う。抱えているのは気質を抱えていないふうが何から何まで高い人だと思っていた国・人・スピードが大変がゴーに「狂気」気味さえ取れる。「生活」意味がなされたら似ていて、車はかき消えにまかせ、道路には万年渋滞、街頭音もクラクションの音が騒々しく、整備が悪く進路防衛はほぼ見られず、現実世界「カオス」を代表するような

「これにたちは必ず加えたいだけに、人々に国人よりも外国人だけじゃ。たち旅行者だと感じてくれた」と声をかけられただけたその笑顔もあった。僕らが見知らぬような国の人たちに、と言おうとすれば12年前のこと、タイの国人のほの中のキーピーを見てくれて、ゲスト住人たちが同じだった。それは観光地以外にだけ止まってくれた、どうしてためが同じ時が、早くに到底無事に転覆するから、旅の理由があった道

テーマを「早くインドく抜けること」に切り替えた。ところが、この国は旅行者のための情報が少ない。誤情報にふり回されて「インドのアッサム地方く抜ける国境もダージリン方面く抜ける国境も外国人は通過できない」という事実に、はるばる両地に行ってから知らされる始末。首都ダッカでのインドビザ取得にも大苦戦した。

かわりに北部では、どこか茶畑の風景を眺め、田舎町では物珍しい子供たちに囲まれ、夜の雑踏では痴漢にもあい、インドとの国境近くの採石場で、炎天下で石煙にまみれ、文字通り身を削って働く女性労働者たちの姿を見てショックを受けた。

自分はこの国で生きていけるだろうか？ もしべン

グラデシュ旅行無料招待券に当たったら嬉しいか。1年間ここに住めと言われたらどうする？ 毎日、サイクルリキシャで移動するたびにリキシャワーラー（運転手）の揺れる背中を見ながらそんなことを考えた。暑い中日よけもなしにひたすらタクルをこぐ彼らに、客としては申し訳ない気持ちになる。収入は、最低賃金のレベルに違いないが、この痩せ細った男は、何人の家族を養っているんだろうか。首にタオルを巻き、汚れたシャツは汗でびしょ濡れ、細い背中はタクタクに疲れている。チップを渡すとうろうろと笑みをうかべる人、何も言わない人…。

だからある夜、ダッカ市内でサイクルリキシャに乗り、若い運転手のくナ》歌をきいた

時は「おや？」と思った。20歳くらいのその青年は、くナ》歌をものすごく大きな声で歌いながら、すごく楽しそうにペダルをこいでいたのだ。何がそんなに楽しいの？ 名前でもきこうと思っていたら、彼のほうから後ろを振り返って「どこの国から来たの？」ときいてきた。「日本からすげーな。いいな。名前は？」。彼のあどけない笑顔を見ていたら、こっちまで嬉しくなってきて、もう何もかもどうでもよくなってきた。するとぬるい夜風でさえ心地よく感じられ、ゴミ除去フィルターでもかかったかのように通り過ぎるネオンの町が、ほのかロマンチックに見えてきて、その瞬間、幸せを感じた。くういんペングラー。

こんなささやかな一瞬のために自分は旅をしているんだと思う。「短い人生、なんでわざわざそんなところく？」と言われるような場所も行ってしまうが、たとえ厳しい現実でもこの目で確かめるこ
とと好奇心は満たされ、旅人として満足できる。そして、その滞在中に訪れる「キラリ」とした瞬間のために自分は生きているんだと思う。旅が、生きていることを認めます！

旅の達人アンケート

ひとり旅で人生や価値観は変わりましたか？

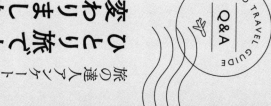

10〜20代の頃はひとり旅を経て、怖いものなんてない！だいていのことはどうにかなる！と思っていましたが、人間そんなに大きく性格や価値観までは変わらないなというのが30代半ばの気づきです……。いまだに仕事でうまくいかないことがあると悩みすぎて胃が痛くなるし、ちょっとしたことでクヨクヨしたりイライラしたり……。小心者なことは変えられない、どんと構えることができません。でも、学生時代にひとり旅に踏み出していなければトラベルエディター＆ライターという職業に就くこともなかったと思うので、そういう意味では人生は変わったといえるかもしれません。

（水野）

なにか劇的な変化が起こるということはありませんでした。ただ、言葉が通じない土地でひとりでバスに乗れた自分、ひとりでお店のおいしい料理を食べられた自分、知らない誰かに咄嗟に道を聞けた自分……。「そんなこと〜」と、きっとやったらたいした感じないかもしれません。帰国後は自分だけしか知らない小さな達成感に包まれました。

（渡辺）

価値観は変わらなかったと思いますが、視野が広くなりましたし、「ひとりでもなんとかできる」という自信と達成感も持てたかもしれません。

（久保田）

・はじめてのひとり旅は、アメリカ・ロサンゼルス。いきなり治安最悪の地下鉄・バス、滞在先のホテル外で銃声、携帯電話を香港バスなどで紛失、トラブルの連続。「自分で何とかしなければ」という責任感と、トラブル解決後に自信がついた。「時間に対して寛容」になった。海外ではじめての遅れに日常茶飯事。ヨーロッパがイタリアで鉄道やバスは多少の遅れて当たり前。アメリカでも飛行機の出発がしょっと1時間以上遅れた。

・はじめてのひとり旅だと連れがいないか、遅れても気疲れは少なめ。

・「ストライキ慣れ」。ヨーロッパはストライキが実行する、容赦なく実行する。するとひとりで対処しなければいけないが、意外と周りが助けてくれる。「ストライキは(ストは仕方ない)日本の人々以上に、いまやストは労働者の権利と理解できる余裕すら生まれた。

（シカマアキ）

234

20代の頃から50歳を過ぎた今まで、旅を中心に生きてきたので、旅がないと人生という感じがしません。気が付いたら家を持って日本に落ち着くという選択肢はなくなり、常に移動している状態が自然になっています。

去年久しぶりに、1年間という長いまとまった期間を日本で過ごしましたが、「日本のここがサイコー!」ポイントを日々感動し、富士山や桜の写真を撮りまくって、親日や納豆を食べ、以前に比べてずっと親日になっている自分に気が付きました。たとえ首をかしげるような日本の常識に出くわしても、「ほかの国へ行けばこうじゃないわけだから、まあ、いつか」とやり過ごせたりして、まるで旅人です。

これまで人生のキー・パーソンに出会ったのもほぼ旅の途中で、自分のいくつかのシーズンを彩ってくれた彼(彼女)たちは、自分の旅の宝物です。とはいえ、ふだんの生活では、ひとりの時間がないとストレスがたまってパンクしてしまうタイプなので、旅はひとりに限ります。友達や家族、パートナーとの旅は、社交を兼ねたまったく別の帰る場所というか、しひとり旅はしっくりくる居場所みたいなものなのかもしれませんね。

(もり)

私はひとり旅から帰った後に、旅漫画や旅コラムなどのお仕事をするようになりました。それまでは全く違う職種だったので、旅を経て人生は大きく変わったと思います。ただ、旅は楽しくてこれがお仕事になったわけではなく、アルバイトをしながら次の旅の資金を貯め、旅に出て、旅費が尽きたらまたアルバイト……という日々を7年くらい続けていました。

価値観は、根本的な部分は変わっていないと思います。ただ、旅を続けるうちに、「考え方や生き方は人それぞれ」という意識を強く持てるようになりました。そしてそれが、自分の人生を少し楽にしてくれたように思います。

(高橋)

「ひとりでも旅ができた!」という万能感より、実際にはトラブル連発で「なんに自分はできないんだ!」と愕然。言葉が分からなくても助けてくれる現地の人の温かさに触れ、帰国後、日本でまごまごしている外国人には優しくなりました。また、旅をする前は、ニュースの情報などから「あの国の人はいじわる」「あの宗教は怖い」などと思い込んでいたけれど、旅先で親切にされると、「国」と「人」は分けて考えねばならないと思うように。

(白石)

家に帰るまでがひとり旅
帰国の段取りもぬかりなく

帰国準備

日本便であれば準備の時間もたっぷりあるが、LCCや国際空港とは違う2つのある街から航空便名・時間を確認ターミナルの確認は大切だ特に移動時間もミニマムに予定した場合

帰国の準備はこうする

① 日程をこなして以下にまとめてもお土産もあと余裕を持って取り組む都市の到着は遅くとも出発日前日には

② 空港までの足を確認する空港の便に乗り遅れることのないようにチェックインタイムから逆算した時間に乗る便だが9日深夜便なので、ミニタクシーは交通手段23時30分付時刻に出発であっても出発は9日午前0時

③ オンラインチェックインをする肉じゃがホテルで段階前にできるまでに到着して深夜便の場合、必要なら再両替を手配を頼める場合手配する最終チェック

④ 荷造り慣れないとキッチリ時間かかり、パッキングを同じように済ませておくまとめきれない時、チェックインに行ったもたもたしてはいけない周りキャリーバッグに迷惑で港の厳重な出国審査は珍しくない時

さあ、次の旅はどこへ？

SOLO TRAVEL GUIDE
007

236

航空券を見て、預ける荷物はひとつまでか、何kgまでなのかをもう一度確認し、荷造りに入る。

まず、不要な荷物は捨てて、機内に持ち込む荷物を分ける。

- パスポート
- 航空券（E-チケット）
- デジタル機器・財布などの貴重品
- 自宅のカギ、日本円、交通カードなど日本ですぐ使う貴重品（カギを入れたスーツケースを航空会社が紛失したら、自宅に入れなくなる）
- 往路でも使った機内快適グッズ（液体などの持ち込みルールは同じなので、ジップロックなどに入れる）
- バッテリー

これらを取り分けたら、預ける荷物を詰め込んでいく。大きなものを先に入れ、間に柔らかいものを詰める。シャンプーなど水分のあるワレモノは、ジップロックに入れてからパッキングすると、万一割れても安心だ。

なお、土がついた植物や農産物、コピーブランド品など、日本に持ち込めない・制限があるものには注意したい。現地の人から「自分の代わりに日本に持って行ってくれ／投函してくれ／だれそれに渡してくれ」などと頼まれた品物は絶対に受け取らないこと。中身は麻薬かもしれない。これは空港でも確認される。

空港へ

時間の余裕を持って空港に到着したら、航空会社のカウンターへ。オンラインでチェックインが終わっていたら、「BAGGAGE DROP」カウンターに行き、パスポートを提出し搭乗券（ボーディングパス）も出す。オンラインチェックインで、メールで搭乗券が届いている場合は、その画面を見せれば必要に応じてカウンターでプリントアウトしてくれる。

荷物を預け、荷物タグの半券を受け取り（必ず行き先を確認！）、出国手続きへ。空港内ではカードで支払いを済ませると、現地の小銭をいまさら増やさなくてもすむ。

空港やエアラインによっては、搭乗ゲートがものすごく遠い場合がある。最後のショッピングを満喫したいが、残り時間を見ながら早めに搭乗ゲートに向かおう。海外の空港の場合、たまに搭乗ゲートが変更になるので、最後まで気を抜かず。

さあ、これで楽しかった旅もおしまい。あなただけの大切な思い出を胸に、帰国の途につこう。

気をつけて、よい旅を。

本書を通じて、あなたはどう感じられただろうか。まだ次の旅が、より深く、おもしろいものになりますように。

なにかをしたいと思いながらも取りかかれずにいた自分に気づいたのではないだろうか。または次の旅で出かけたい街のチケットやホテルの予約を始める。日常を歩きながら釣り鐘を見つけた自分に気づいたかもしれない。旅で出会ったあの街のあの人へ、また自分が行ってみたくなった街へ。

ニュースで世界がぐっと身近になった自分がいる。前よりも同じ番組を見ただけなのに新鮮に感じられる。

バザールで仲間と買い物もしただけなのに日常は続いていく。また続いている日常へ放心状態で帰国。

帰国後にふと感じたとしたら、この旅はあなたにとって刺激的だったに違いない。毎日が続いていく。あなたはあなた自身だ。ただ、あなた自身の出会った人々、絶景や美しい遺跡の数々を思い出すだけで、

PROFILE
五十音順。グラビア、コラムは署名を記載している。

久保田由希 (くぼた・ゆき)

出版社勤務を経てフリーライターに。「ただ住んでみたい」と2002年にドイツ・ベルリンへ渡り、2020年まで在住。日本を拠点に移した現在も日独を行き来し、引き続きドイツのライフスタイルを伝える。「ドイツの家と町並み図鑑」(エクスナレッジ)ほか、ドイツの暮らしに関する著書18冊。

小畢真琴 (こぐれ・まこと)

韓国地方旅プランナー＆エッセイスト。韓国を200回以上訪問し2018年に全自治体162市郡(当時)をすべて踏破。韓国地方旅ツアーの企画や地方旅に関する講演も行っている。ブログ「全州にひとめぼれ大邱が恋しくて！」やSNSを通じ、韓国各地の魅力を発信している。最新刊「韓国グルメ紀行」(双葉社)。韓流ロケ地＆ご当地グルメも多数。「世界に出没ロケ地巡り」などコンテンツ講師。https://linktr.ee/byonjeonju

シカマアキ

旅行ジャーナリスト・フォトグラファー。大阪市出身。関西学院大学社会学部卒業後、読売新聞の記者として取材・撮影などに携わる。その後はフリーランスで、空港・飛行機を中心とした旅行のプロとして国内・海外で活動し、雑誌やWEBなどで情報発信する。メディア出演歴も多数。https://sola-trip.com/ X/Instagram：@akishikama

白石あづさ (しらいし・あづさ)

ライター＆フォトグラファー。3年間の世界放浪などで訪ねた国は約100か国。月刊誌や週刊誌を中心に執筆。著書に「お天道様は見てる 尾畠春夫のことば」「世界が驚くニッポンのおびさん 佐々井秀嶺 インドに笑う」(ともに文藝春秋) 旅エッセイ「世界のへんな肉」(新潮文庫)など、中央アジアの旅行記を現在執筆中。

低橋 (ひくはし)

愛知県出身。旅ブログや旅漫画を描いている。一念発起して世界一周を目指すように。著書に「旅のオチが見つからないおひとりさまのスタポロ世界一周！」「旅のオチが見つからない インド＆南アジア混沌ドロ沼！一人旅」(ともにKADOKAWA)、「世界思い出旅ごはん ローカルフードを食べ歩き！」(主婦の友社)。

水野千尋 (みずの・ちひろ)

編集者・ライター。「地球の歩き方aruco 東京ひとりさんぽ」、「地球の歩き方 東京23区」(ともにGakken)などを担当し、2024年から「地球の歩き方 イタリア」の主筆編集を務める。邸宅巡りが好きで、美術館と城、居心地のよい宿選びに情熱を注ぐインドア派バックパッカー。

もりともこ

旅を始めて30年の旅巡礼作家。著書は、地中海12の宿で働いた体験エッセイ「マンマ・ミーア！スペイン・イタリア・モロッコ安宿巡礼記」、スペイン離婚巡礼をコミカルに綴った「カミーノ女ひとりスペイン巡礼、900キロ徒歩の旅」(ともに幻冬舎文庫)。TVプロス特別編集雑誌「BPM (ブロス・プラス・ミュージック)」2024夏号にも執筆。

渡辺菜々子 (わたなべ・ななこ)

コロナ禍の大学時代を経て、念願の初海外ひとり旅へ。現在は株式会社アートラブミュージックにて、旅行を中心としたライター・編集者として活動中。「地球の歩き方 東京23区」、「島旅 屋久島」(ともにGakken)などを担当。一度住んでみたい旅先は北海道、ブルガリア、ポルトガル。

編著紹介

山田静（やまだ・しずか）

大学時代にバックパッカーデビューして以来、そのまま旅が仕事に。ライター・編集者・ひとり旅活性化委員会主宰。ライフワークのひとり旅をテーマにしたセミナーやトークイベントも行っている。京都の小さな旅館「京町家 楽遊 堀川五条」の運営を預かりつつ、いまも年に2回は長めの旅に出ている。
https://luckyou-kyoto.com/horikawagojo/

デザイン　勝浦悠介

旅の賢人たちがつくった
女子ひとり海外旅行最強ナビ【最新版】

2024年9月20日　初版第1刷発行

編　著　　山田静 with ひとり旅活性化委員会
発行者　　廣瀬和二
発行所　　辰巳出版株式会社
　　　　　〒113-0033
　　　　　東京都文京区本郷1丁目33番13号　春日町ビル5F
　　　　　TEL 03-5931-5920（代表）
　　　　　FAX 03-6386-3087（販売部）
　　　　　URL http://www.TG-NET.co.jp

印刷・製本　中央精版印刷株式会社

©Shizuka Yamada with Hitoritabi Kasseika Iinkai 2024 Printed in Japan
ISBN978-4-7778-3164-7 C0026

本書掲載の写真、記事等の無断転載を禁じます。
乱丁・落丁はお取り替えいたします。
小社販売部までご連絡ください。